丛书编委会

大家精要

萨 特

杨深 著

Sartre

陕西师范大学出版总社

图书代号 SK17N0222

图书在版编目(CIP)数据

萨特／杨深著. —西安：陕西师范大学出版总社
有限公司，2017.5（2024.1重印）
（大家精要）
ISBN 978-7-5613-9056-6

Ⅰ.①萨…　Ⅱ.①杨…　Ⅲ.①萨特（Sartre, Jean
Paul 1905—1980）—传记　Ⅳ.①K835.655.1

中国版本图书馆CIP数据核字（2017）第089897号

萨　特　SATE

杨　深　著

责任编辑	宋媛媛	
责任校对	彭　燕	
封面设计	张潇伊	
出版发行	陕西师范大学出版总社	
	（西安市长安南路199号　邮编710062）	
网　　址	http://www.snupg.com	
印　　制	永清县晔盛亚胶印有限公司	
开　　本	650 mm×930 mm　1/16	
印　　张	10	
字　　数	100千	
版　　次	2017年5月第1版	
印　　次	2024年1月第2次印刷	
书　　号	ISBN 978-7-5613-9056-6	
定　　价	45.00元	

读者购书、书店添货或发现印刷装订问题，请与本公司销售部联系、调换。

电话：（029）85303879　　传真：（029）85307864　85303629

目　录

导　言

　　让-保罗·萨特（Jean-Paul Sartre）是法国现代无神论存在主义最伟大的哲学家、文学家、剧作家和左翼社会活动家。1905 年 6 月 21 日，萨特出生于巴黎一位海军军官家庭，早年丧父，由外祖父抚养成人。1928 年，萨特毕业于著名的巴黎高等师范学校。1929 年通过中学哲学教师学衔会考，获得第一名。在此期间他遇到名列第二的西蒙娜·德·波伏瓦，从此两人结为志同道合的终身伴侣。1931 年至 1939 年，萨特在法国的勒阿弗尔、巴黎等地任中学哲学教师，在此期间，1933 年 9 月至 1934 年 9 月曾作为官费留学生赴德国柏林的法兰西学院攻读胡塞尔的现象学和海德格尔的存在哲学。1939 年 9 月，第二次世界大战爆发，萨特应征入伍。1940 年 6 月被德军俘虏，关押在战俘集中营，1941 年 3 月获释。回国后他继续在巴黎巴斯德中学任教，并勇敢地投身于反法西斯的抵抗运动，曾与梅洛-庞蒂等人建立过一个名为"社会主义与自由"的知识分子抵抗组织，并为法国共产党领导的地下刊物《法兰西文学报》撰稿。从 1944 年巴黎解放至 1945 年，萨特与梅洛-庞蒂、雷蒙·阿隆等人共同筹备创办存在主义的重要论坛《现代》杂志，并于 1945 年 10 月 15 日出版了创刊号，萨特在发刊词中阐明其办刊宗旨：他们将以自己的观点研究哲学与文学，评论当代的政治与社会事件。从 20 世纪 50 年代末到 70 年代末，萨特多次抗议法国政府进行的阿尔及利亚战争和美国侵越战争，以及苏联入侵捷克斯洛伐克和阿富汗的行径，他曾与罗素一起组织"审判侵越战争罪行的国际法庭"调查美国侵越罪行，并被推选为法庭的第一任执行主席。1968 年 5 月，巴黎学生运动爆发，萨特明确表态全力支持学生运动，并到大学和工厂发表演说，参加示威游行。1970 年，为了支持毛派组织，他亲自上街叫卖《人民事业报》等左派报纸，因此曾受到警方拘禁质询。晚年，他不仅支持一些极左派激进组织的活动，甚至发表文章支持某些恐怖主义组织的活动。1980 年 4 月 15 日，萨特在巴黎因病逝世，终年 75 岁。

萨特的哲学思想发展大体上可以分为三个阶段：早期，他的研究工作偏重于现象学心理学方面，其代表作有《想象》《自我的超越性》《情绪理论纲要》《想象物：想象的现象学心理学》等；中期，其哲学理论的重心转移到现象学本体论，代表作是堪称法国存在主义经典的《存在与虚无》和颇有争议的《存在主义是一种人道主义》；晚期，萨特将他的哲学理论扩展到社会历史领域，并试图把他的存在主义思想与马克思主义结合起来，构成一种"存在主义的马克思主义"，代表作是《辩证理性批判》。在文学方面，萨特提出了轰动一时的"介入文学"的理论，并且创作了许多脍炙人口的小说、戏剧、人物传记和文学艺术评论，在积极参与左翼社会政治活动的同时还撰写了大量犀利尖锐的时事政治评论文章。

萨特一生自诩清高，标榜自由和独立，未曾担任过任何官方的职务，甚至没有接受过任何大学和研究机构的教职。他视名誉、地位、金钱如粪土，一生没有自己的房屋、汽车和财产，甚至没有自己的图书，包括自己撰写的著作。他的作品的稿费和版税收入除了用于自己的房租、衣食和旅行开销之外，其余大部分都慷慨地给予了他所支持的社会政治运动以及他的亲友和学生，甚至给了有所需要而求助于他的人们。由于杰出的文学贡献，萨特曾获得 1964 年的诺贝尔文学奖，但他拒绝接受，理由之一是"我一向谢绝来自官方的荣誉"，还说"我拒绝荣誉称号，因为这会使人受到约束，而我一心只想做个自由人"。萨特的人生价值观是，一切金钱、职位和荣誉都不作数，对于一个作家的存在来说，唯有他的作品才是作数的。"我写，故我在"，萨特如是说，也如是做。

本书主要论述萨特中晚期的存在主义哲学思想，同时扼要介绍他在文艺理论方面的成就，以期读者能够把握萨特哲学理论和文学思想的要旨。

第1章

现象学本体论

自为是其所不是，又不是其所是。

——萨特

一、思想渊源与现象学心理学

萨特自幼就对阅读和写作产生了浓厚的兴趣，在中学和大学预科学习期间，他深受陀思妥耶夫斯基、托尔斯泰等古典作家以及纪德、普鲁斯特等现代作家的文学作品的熏陶和感染。除了文学之外，萨特开始涉猎各种哲学著作，特别是柏格森、叔本华、尼采等现代哲学家的论著。阅读柏格森的《试论意识的直接材料》（《时间与自由意志》）之后，萨特兴奋地说："哲学真了不起，可以教人认识真理！" 1924 年至 1928 年，萨特在著名的巴黎高等师范学校学习，这四年的学习使他受到了严格的古典和现代哲学的训练。读了笛卡儿的著作之后，萨特一下子就被"我思，故我在"的真理的自明性所折服，笛卡儿在近代哲学中所首倡的怀疑精神和意识的自由都对萨特日后的存在主义哲学产生了深刻的影响，作为其早期哲学思想出发点的"反思前的我思"就是通过改造笛卡儿的"我思"而得来的。斯宾诺莎和卢梭的著作也为萨特所钟爱，小说家中他喜欢司汤达那种理性主义与浪漫主义热情的混合。他此时已不满足于仅仅做一个文学家，他立志还要做一个哲学家：他要同时成为斯宾诺莎和司汤达。同时，他吃力地试图理解马克思的著作，至于弗洛伊德，他厌恶其泛性主义的倾向，并认为其心理决定论毁灭了人的自由，但同时却对其精神分析的方法具有浓厚兴趣。

　　然而，真正为萨特日后的存在主义哲学体系奠定基础的还是胡塞尔的现象学和海德格尔的存在哲学。1933年，萨特的同学雷蒙·阿隆第一次向他概述了胡塞尔的现象学理论。在一家咖啡馆里，阿隆指着他的酒杯说："你看，我的伙计！如果你是现象学者，你就能谈论这个酒杯，而这就是哲学！"萨特听完这句话，激动得脸色发白，这正是他多年来梦寐以求、不断探索的观点：描述他在现实生活中接触到的东西，从这一过程中引出哲学思想。萨特相信，胡塞尔的现象学恰恰能满足他思想上的矛盾要求：超越唯心论和实在论的对立，在肯定世界在场的同时确立意识的至上地位。萨特情不自禁地喊出声来："这才是真正的哲学！"于是，萨特在1933年至1934年间到柏林法兰西学院留学，开始阅读胡塞尔和海德格尔的全部德文作品，同时研究克尔凯郭尔和黑格尔的著作。

　　胡塞尔的现象学使萨特的哲学思想发生了决定性的转变。萨特相信，现象学提供了研究人的意识、探索人生意义和理解人与世界的关系的有效方法。因此，在德国留学的一年中，萨特迅速把握了现象学的要旨，着手写作《胡塞尔现象学的一个基本观念：意向性》和《自我的超越性》两篇论文。在论述意向性的文章中，萨特指出，按照胡塞尔的看法，世界中的事物不能进入我们的意识，世界虽与意识相关但却存在于意识之外；因为意识没有"内部"，它拒绝成为充实的实体，它永远逃出自身之外。在萨特看来，胡塞尔的著名命题"任何意识都是对于某物的意识"的深远意义在于，它宣布了所谓"内在性"哲学的终结。相反，现象学则是一种超越性的哲学，它把我们抛到充满危险的世界中，这也就是海德格尔所说的"存在就是在世界中"的含义。

一旦把握了胡塞尔的意向性概念，萨特立即运用它来建立他自己的"自我"理论。在《自我的超越性》中，萨特将胡塞尔的意向性思想贯彻到底，并把"自我"完全清除出意识的先验领域。他指出，既然意识仅仅由意向性来定义自身，那么这个先验的人格的"我"对于先验意识来说就是完全多余的；而且，如果假定一个在意识后面的先验的我，那就是意识的死亡，因为先验的纯粹意识是一个绝对的自发性，它本身是一种没有任何内容的透明性，因此它是一个非实体的绝对。相反，"我"只能是一个相对的存在，即意识的一个对象。"自我"（Ego）是由自发的意识通过反思的意识构成的，"我"（Je）和"我"（Moi）只是自我的两个方面，第一个"我"是各种行为的统一，第二个"我"则是各种状态和性质的统一，自我则是行为和状态的统一。因此，自我不是意识的所有者和产生者，而是反思意识的一个超越的对象，它既不是形式地也不是物质地存在于意识之中，它存在于外面，存在于世界中，它是一个世界的存在。需要指出的是，萨特在此处所说的自我的超越性的含义不是指自我可以超越自身局限性的那种超越性，也不是指自我具有自发意识才有的那种指向外部世界的超越性，而是指自我存在于意识之外。说穿了，自我就是外部世界中的一个准自在存在（《存在与虚无》中所说的自为的事实性），因此它既没有意向性也没有任何能动性。这样，萨特自信实现了两个目标：一个是通过把自我变成对象而剥夺了它的主体特权，从而驳斥了唯我论；另一个是通过区分自发的意识和心理的东西（自我）而把意识掏空，从而强迫意识投入到现实世界中去，由此堵塞了逃避现实的唯心主义之路。

1939 年，萨特把他论述现象学心理学的未完成著作《心理》的一部分出版，书名为《情绪理论纲要》。在这本书中萨特指出，情绪就是一种意识，正如意识的一切形式一样，情绪也具有意向性。我们面对世界可以采取两种不同的方式。一种是正常的适应性行动，我们将周围的世界看作我们的欲望、要求和行动的工具与障碍的复合体，为了实现某一目标，我们必须通过某些途径并绕开某些障碍和陷阱。因此，这个世界就表现为相关于我们的适应性行动的决定论的世界，意识的这种态度就是对于世界的决定论的实用主义直观。另一种则是情绪，当我们无法在实际上改变世界的情况下，我们就试图在想象中改变世界的性质和我们的意识与世界的关系，我们将世界感受为受神奇的魔术所支配的神奇世界。萨特认为，情绪在各种特殊的处境中具有不同的含义和目的，可以大致将其归为四种类型，即恐惧、忧郁、愤怒和快乐。

在 1940 年出版的《想象物：想象的现象学心理学》一书中，萨特根据现象学的意向性理论指出，意识总是对于某物的意识，知觉与想象是意识对于其对象的两种主要的基本态度，知觉以现时存在的东西为对象因而是被动的，相反，想象则以不在场或非现实的东西为对象因而具有自由的创造力。萨特认为，意识只有把现实的东西构成一个整体的世界同时又虚无化地退出这个现实世界，才能在现实世界之外创造性地想象出非现实的东西（想象物）。萨特说："人之所以能够进行想象，正因为他先验地是自由的。"

从巴黎高师毕业到第二次世界大战爆发，萨特的哲学研究主要集中于用现象学方法探讨与知觉、情感、想象、自我等心理问题有关的课题。此时，他认为必须首先在现象学基础上弄清意识与心理现象的存在性质、基本结构与作用机制，才能以此作为引导线索进一步深入探讨存在的本体论问题。在这个意义上可以说，萨特的现象学心理学研究为其在《存在与虚无》里集中论述的现象学本体论作了理论准备，而在《存在与虚无》中萨特则将其心理研究的成果加以修改、充实和发挥，进而以严谨的结构和体系化的形式详尽地阐述了他的存在主义哲学。

1943 年 10 月，萨特存在主义的奠基之作《存在与虚无》由伽俐玛出版社出版，这是萨特对其自 1933 年以来十年哲学研究的一个系统总结。《存在与虚无》的副标题是"现象学本体论论文"，这表明该书的思想主题是以现象学方法去描述人的存在的本体论（准确地说，应译为存在论）问题。由此我们可以清楚地看出，萨特的存在主义理论是建立在胡塞尔的现象学和海德格尔的"此在"（"在世的人"）的本体论基础之上的。然而，萨特还广泛吸收了笛卡儿、康德、黑格尔、柏格森、弗洛伊德等人的思想成果，并加以批判的改造，从而创造出自己独特的存在主义哲学体系。"存在主义"一词是加布里埃尔·马塞尔于 1942 年首次使用的，萨特起初拒绝将自己的思想归入马塞尔那种基督教的存在主义，他说："我的哲学，是关于存在的哲学。'存在主义'？我不知道这算什么学说！"然而，《存在与虚无》出版后，评论界不顾萨特的抗议而把他的哲学称为存在主义哲学，以致几年以后，萨特不得不接受了"存在主义"这个标签。《存在与虚无》出版于第二次世界大战中法国被德军占领时期，当时只有少数人注意到这部艰深晦涩的哲学著作，然而其中有关自由与责任的观点对于鼓舞人民斗志、反对妥协投降仍然起了积极的作用，有人称它为"反附敌宣言"。待到 1945 年战争结束后，存在主义在全世界风靡一时，萨特的这部杰作受到了广泛的关注，世界上最主要的哲学家，从伯特兰·罗素到乔治·卢卡奇都对它加以研究和评论。著名哲学家让-华尔在《法国哲学简史》中称《存在与虚无》是法国存在主义哲学界最伟大的著作。这本书的问世，奠定了萨特作为法国最杰出的无神论存在主义哲学家的地位。

二、对象意识与自我意识

萨特继承笛卡儿主义的传统，认为从"我思"出发去探索存在是唯一正确的途径。不过，在他看来，笛卡儿的"我思"还不是真正原初性的。笛卡儿所谓的"我思，故我在"中的"我思"不是指他的原始怀疑意识，而是对这个怀疑意识的反思。当他说"我怀疑，故我在"时，实际上是说"我知道我怀疑，所以我存在"；因此，他的"我思"（我知道）是对另一个意识（怀疑）的反思或认识。由于这种把意识还原为认识的认识至上论思想，导致把认识论的主体—对象二元论引入意识，以至于为了获得自我意识，就不得不再后设第二个我思去反思第一个我思，由此产生一连串"怀疑←我思←我思←……"的无限后退，最终却永远不能获得对主体自身的认识，而总有一个作为最后一项的反思落在认识之外，萨特认为这是荒谬的。因为认识主体存在的法则，必须是有意识的，如果进行认识，却又没有意识到这个认识活动，那么这认识何以是自主的活动呢？因此，为了自主地进行认识，就必须意识到这个认识活动。但是，上述困难表明，对认识活动的自我意识不能是一种认识。为了解决这个至关重要的问题，萨特破除认识至上的唯心主义原则，指出：并非所有意识都是认识，原初的自我意识不适用认识论的二元法则，如果想避免认识论造成的无穷后退的困境，自我意识就必须是意识与其自身之间的一种直接的、非认识的关系，即不把进行认识的意识自身设置为对象的原始自我意识（非设置的自我意识）。这也就是说，这种自我意识是先于对意识的反思或认识的，并且是使反思成为可能的条件，所以，萨特称之为反思前的我思。这就是作为终极主体结构之一的纯粹主观性，是萨特全部哲学由之出发的阿基米德点。

在建立反思前的我思的同时，萨特也建立起意识与世界的真实关系，即意识是对世界的设置性意识，这是作为主体的意识的结构的另一方面。他批判地接受了胡塞尔现象学的意向性理论的基本命题：一切意识都是对某物的意识。这意味着，意识只是对一个超越的对象的设置。或者说，意识没有内容，它是虚无的；但它是意向性的，即意识总是指向外面，指向超越性对象，凭借其意向性超出自身达到世界。这种对于对象的设置性意识的特性正好与非设置性的自我意识相反，它设置了外在对象，引进了主体—对象的二元性。然而并不是所有的对象意识都是认识，譬如：情感意识、欲望性意识和目的性意识虽然也设置对象，但却不是认识。为了避免把（对）自我（的）非设置性意识与对于对象的设置性意识相混淆，萨特把前者的"对……的"放在了括号里，以表明这只是为了符合语法的要求，而不是把自我设置为对象。

非设置的自我意识与设置性的对象意识虽然性质不同，但又非常紧密地联系在同一个意识里。一方面，使认识或情感等意识成为对它们的对象的设置性意识的充分必要条件是：它们非设置地意识到自身是这个认识或情感。比如，如果我的意识只意识到一张桌子而没有意识到自身是对桌子的意识，那么它就是对自身无知的意识，即无意识的意识，这是荒谬的。另一方面，反过来说，设置性的对象意识同时也是非设置性的自我意识的保证。因为，只当我面对一个充满幸福前景的世界而喜悦时，才能有（对）喜悦（的）意识。总之，任何对象意识都必须是对自身有意识的、自己决定自己的自主的意识；而为了成为（对）自身（的）非设置性意识，意识又应该是对某物的设置性意识。因此，对某物的意识是（对）自我（的）意识的存在，而（对）自我（的）意识则是使对某物的意识成为可能的唯一存在方式或存在法则。

这两种意识是同时发生、互为表里、存在于圈子中的同一个主体意识的两个层次或两种规定。萨特在谈到自为的存在时分别描述了它们。（对）意识自身（的）反思前的我思是自为（意识）的绝对内在性，即作为自为的本体论直接结构之一的"面对自我的在场"，这是意识主体内的自身对自身的一种竭力拉开的理想距离，一种本身统一的二元性，举例说就是，信仰与（对）信仰（的）意识二者之间既统一又分离的关系。这种意识内的分离是意识挣脱自身的虚无化，而且是一切虚无化的前提，这种"面对自我在场"就是意识的本体论基础。而被反思前的我思所意识到的对某物的设置性意识则是自为的超越性，即意识不能孤立地存在，它必然要超出自身之外达到那个它所不是而它又面对其在场的某物，这就是萨特所常说的自为对自在的"出神"（ek-statique）关系，也是意识对于对象的明确设置起来的既分离又趋赴的二元性关系。这个分离是意识挣脱世界的虚无化的前提，而这个趋赴又使意识不可避免地投入到世界中。这种面对世界的在场或说自为的一种出神样式是作为一切认识和行动的基础的自为对自在的基本的本体论关系。总之，二者是同一个意识所具有的两种关系，前者是反思前的自我意识对于对象意识的内在性关系，后者是对象意识对于自在存在的超越性关系。内在性与超越性都是意识的本体论结构（意识还有其他结构），二者相互制约又相互补充。

三、自在存在与自为存在

萨特在《存在与虚无》中以现象的概念作为线索进而逐步引导到对自在存在和自为存在的本体论结构的描述。他认为，胡塞尔和海德格尔的现象学企图消除内部与外表、存在与显现、潜能与活动、显象与本质的二元论，其可取之处在于，现象学的现象背后不再有康德的那种本体，它只表示它自身和整个显现系列；而且，显象并不掩盖本质，它揭示本质，它就是本质，存在物的本质不再是深藏在存在物内部的特性，而是支配着存在物的显象系列的显露法则。现象学并没有取消一切二元论，而是把一切二元论都转化为一种新的二元论：有限与无限的二元论。由于任何显现都是对一个经常变动的主体的关系，从而可能出现多种观点，这就足以使显现的数目增加到无限。

然而，现象并没有囊括一切，支撑现象的存在不能是一种显现，单靠认识不能为存在提供理由，即现象的存在不能还原为存在的现象。存在的现象是对存在的呼唤，它要求一种超现象的基础，要求存在的超现象性。这也就是说，存在不能还原为被认识，被认识的现象需要超出认识的存在来支撑。

萨特之所以拒绝承认显现的存在就是它的显现，因为这无异于重新回到贝克莱的"存在就是被感知"的主观唯心主义的老调儿。萨特据此批评了胡塞尔，因为他在完成了现象学还原之后，把"作为对象的意识"（noeme）当作非实在的，并宣布它的存在就是被感知。贝克莱的这种把存在还原为人们对存在的认识的唯心主义的错误在于，他把认识设置为一个给定物，却不为认识奠定一个存在的基础，这样，"被感知—感知"整体就由于缺少坚固的存在的支撑而崩溃于虚无之中。为了现象能够显现，被感知首先需要感知者的存在来支撑，认识首先需要认识者的存在来支撑。但这支撑认识的认识者的存在却不能用认识来衡量，进行认识的主体意识不是已被感知、已被认识的东西，而是未被反思的超现象的存在，这正是由反思前的我思非反思地意识到的对象意识。正是它在前反思地意识到自身的同时，意识到了某物，从而使现象得以显现。

不过，萨特强调，这种以其存在支撑了现象的绝对经验（包括认识）主体本身不是一个实体，而只是认识活动或情感等其他意识活动本身，它的实存就是它的活动，它的实存优先于它的本质，只当它显现自身时它才存在。由于它的显现与它的实存的同一性，又由于它是一切现象都相对于它而显现的主体，所以萨特称之为非实体的绝对。

这样，现象获得了支撑它的第一个存在，即主观意识的存在。但是萨特认为，意识的存在仍然不足以为现象提供存在的基础。主体意识的存在只能提供对象的存在方式，即对象的各种显现，但是对象（比如桌子）的存在不能被还原为把握它的各种主观印象的综合，对象的存在不能被还原为它的存在方式的序列，不能如同现象学者那样错误地把只适用于存在方式的概念用来解释存在。意识的超现象存在不能为现象的超现象存在奠定基础。如果只停留在认识（现象）与认识者，即反映与反映者的圈子里，尽管这二者相互支撑，但却没有一个被反映的外物以其存在支撑这二者，那么，反映就是对乌有的反映，反映与反映者也就都崩溃为乌有了。

因此，除了意识主体的超现象存在给予现象的支撑之外，现象还需要一个超越的存在的支撑。而且正是意识的超现象性要求现象的超现象存在，因为意识在其最深刻的本性中是对一个超越的存在的关系。萨特由此提出了一种从感知者反思前的存在获得的"本体论证明"。他写道："意识是对某物的意识：这意味着超越性是意识的构成结构；这就是说，意识生来就被一个不是其自身的存在所支撑。这就是我们所谓的本体论证明。"萨特之所以把这称为本体论证明，是因为这个证明不是处于认识的层面上，而是处于存在的层面上，但认识也是自为的存在样式之一。意识是对某物的意识，就是说意识在其存在中意味着一种非意识的、超现象的存在，而意识正是在对这个超越性的存在进行揭示的同时，使意识自身被揭示出来，也就是使意识自身产生出来得以存在，因为意识的存在就是对这个超越存在的直观揭示活动，除了这个揭示性直观之外意识没有别的存在。反过来说，只要有揭示性意识，就必定有一个它所揭示的超越的存在。揭示性意识是这个它所揭示的超越存在的充分条件，但是意识却绝不是超越存在（自在存在）的必要条件，没有意识，自在存在依然存在。在这一点上，萨特断然与唯心主义划清了界限。同时，萨特在他的本体论证明中，站在存在的高度上，从意识的超越性的本体论结构出发证明了外物的存在，从而突破了贝克莱、休谟围于主观感觉之内的认识论上的唯我论与不可知论的藩篱。

于是，现象终于获得了它所需要的两种存在的支撑：一种是未被反思的对象意识的存在，另一种是（同时也支撑着意识的）超越性的存在。不过，这种超越性存在只是现象的超现象存在，而不是隐藏在现象背后的本体。现象的这种超现象存在就是自在的存在。

萨特认为，自在存在有三个特点。第一，存在是自在的。意思是，存在既非被创造也非自己创造自己，既非能动性也非被动性，既非肯定也非否定。存在没有自身内的分化和距离，没有自己与自己的内在性关系，因为它是自身充实的，它是不透明的实心团块。它就是它自身。这就是存在的自在如一性。第二，存在是其所是。它不包含任何否定和相异性，它与任何异于它的东西都没有联系，它只是自身同一性的存在。它也脱离了时间性，因此任何以否定性和时间性为前提的过渡、变化、生成都在原则上与它无缘。第三，自在的存在。它既不派生于必然也不派生于可能，也不是不可能的，它也不能派生于另一个存在物。它只是自己孤立地存在着，没有任何外在的关系，也没有任何存在的理由，它永远是多余的，这就是自在存在的原始偶然性。总之，自在存在是一种既无空间关系又无时间关系，既无内在关系又无外在关系也无变化的孤立自存、充实而未分化的惰性实体。因此，自在存在决不能主动地与自为存在发生关系，因为它是冷漠的死物；同时，它虽然能被动地接受自为强加给它的关系，但那样一来，它就不再是自在存在，而是为我的存在，即现象了。从外延上讲，自在存在就是一切没有被意识所触动或已被意识所遗弃、没有被意识作为对象或当成工具和障碍的存在，也就是没有被人化（没有被虚无化）、没有被人赋予意义的存在。

与自在存在相反，自为的存在则是指人的意识的存在，它正好具有与自在存在截然相反的特征，自为存在正是以对自在存在的内在否定来规定自身的。首先，萨特通过对于"提问题"这种行为的考察发现了非存在（否定）。显然，自在存在本身不包含任何否定，非存在总是在人的期待的范围内才显现出来。正因为物理学家期待他的假说得到证实，自然才对他说"不"；而风暴和地震所带来的毁灭也只有通过人才成为可能。因此，否定是在人与世界关系的原始基础上显现出来的，"人是虚无由之来到世界上的存在"。萨特批评黑格尔的辩证法把存在与虚无看作两个同样空洞的抽象，他针锋相对地提出，存在存在而虚无不存在。因此，自为存在不是一个独立存在的实体，它只能凭借自在存在而被存在，它只有一个借来的存在。这不是说自在存在产生了它，而是说自为只是存在中的空洞，是对自在存在的否定和虚无化，自为使自在存在显现为现象，同时使自身显现出来。据此，萨特把斯宾诺莎的公式"规定即否定"颠倒为"任何否定都是规定"，这意味着，无论从逻辑上还是从存在上（本体论上），存在都先于虚无，即自在优先于自为。作为自为的人的实在虽然不能消除它面前的存在团块，但它能从这个存在逃脱而获得自由。萨特说："人的实在分泌出一种使自己孤立出来的虚无，对于这种可能性，笛卡儿继斯多葛派之后，把它称作自由。"

其次，萨特认为，使虚无来到世界上的存在应该是它自己的虚无，这就是说，人的实在只有从根本上挣脱了自身，才能通过提问题、怀疑、悬置等等来挣脱世界。意识的一般法则是，意识的存在就是对存在的意识；因此，如果自由是意识的存在，那么意识则是对自由的意识。萨特指出，人正是在焦虑中获得了对他的自由的意识。恐惧是对世界上的存在物的恐惧，而焦虑则是对恐惧的恐惧，即对自我本身感到焦虑。遭到炮轰的危险可以引起士兵的恐惧，而焦虑则是在士兵害怕自己将来不能克制自己的恐惧时才发生的。因此，恐惧是对超越的东西的非反思的领会，而焦虑则是对自我的反思的领会，二者是相互排斥的，只能交替出现。萨特把焦虑分两种：面对未来的焦虑和面对过去的焦虑。后者是一个过去已经出于对后果的恐惧而决心戒除赌博的赌徒重新面对赌桌时所感到的焦虑。黑格尔说："本质，就是已经是的东西。"萨特认为，本质就是人的实在在自身中作为已经是的东西而把握到的一切。然而，并不是本质而是我们使自己这样存在的，虚无总是将人与他的本质分割开，活动又总是超出这个本质，我们意识的流动逐渐构成了本质并把它留在我们身后。焦虑就是对我的可能性的确认和对自由的意识，它是在意识发现自己被虚无与其本质和将来相分离时形成的。这样，对焦虑的考察将把我们引向作为其基础的两种原始的虚无化，即反思前的我思的虚无化和时间性的虚无化。这些虚无化将向我们表明，自为是存在的减压，它首先是在意识内部自身对自身拉开的理想距离（这就是反思前的我思与对象意识之间既统一又分离的关系），这就是说，作为主体的意识不是自身与自身重合的自我，而是意识自我面对自我在场。这正是意识不同于自在（en soi），而被称为自为

（pour soi）的含义。"自为存在的法则，作为意识的本体论基础，就是在面对自我在场的形式下是其自身。"这种意识与自身的统一中的分离就是意识对自身的原始虚无化，它保证了人的实在挣脱自身并主宰自身的自由，并且成为它挣脱世界而自由的前提。

最后，萨特通过对自欺（mauvaise foi）的考察揭示出意识最重要的本体论特征。首先，萨特指出，自欺不同于说谎。一方面，进行欺骗的说谎者与被欺骗者是两个人；而自欺则是向自己掩盖令人不快的真情或把令人愉快的假象当作真情，这里的欺骗者与被欺骗者是同一个人，因此，自欺本质上包含着一个单一意识的统一性。另一方面，在说谎时，说谎者完全了解他对别人所掩盖的真情，他并不相信他所说的谎言；而在自欺中，自欺者既应该知道被自己掩盖的真情又不能知道真情，他既相信自己又不相信自己，他并没有真正说服自己但却强迫自己相信不确定的东西，并对此表示满意。因此自欺的原始谋划是一种按照相信的性质构成自欺的自发决定，自欺者既意识到又没有意识到自欺，他们如同在睡梦中一样沉浸于自欺之中而难以苏醒。自欺还可以利用人的实在的其他二元性，例如，人的自为存在与为他存在，人的"没于世界的存在"与"在世的存在"，"我是我曾经是的"与"我不是我曾经是的"，等等。萨特由此得出结论："自欺的可能性的条件是：人的实在在其最直接的存在中，在反思前的我思的内在结构中，是其所不是又不是其所是。"这个条件也就是使自为存在从根本上区别于是其所是的自在存在的本体论特征：自为存在是其所不是，不是其所是，或说意识应是其所是。这是自为存在最基本的本体论原则，它几乎概括了自为存在自身（面对自我在场：价值、可能、时间性）及其与自在存在的关系（面对世界在场：认识、行动）甚至为他存在的一切本体论结构的特征。我们最先谈到的一个基本结构，即意识是对某物的意识，就是这样：意识不是其自身，而是它所不是的某物。意向性的原则就是：意识不是其所是，是其所不是。这个本体论原则是一种相异性的综合原则，它把表面上似乎同一的东西分离开，又把表面上截然不同的东西联系起来。

四、自为的本体论结构

除了自为存在的本体论原则之外，萨特在《存在与虚无》第二卷"自为的存在"中又对自为存在的本体论结构作了极为详尽的描述。这些结构分为三类，其一是自为的直接结构，其二是时间性，其三是超越性，即作为自为对自在的关系的认识。

价值与可能

在自为的直接结构中，首先是我们已论述过的面对自我在场。其次是自为的事实性（facticite），即纠缠着自为并使自为得以存在的自在偶然性。它使原本无人称的意识被抛入一个并非它选择的世界和一个特殊处境中，并使它具有了一种特定的身份。自为的事实性就是指被给定的存在、过去、身体。事实性支持自为，自为承担自己的事实性，但却永远不能消除事实性，因为一旦没有了事实性，自为也就不再存在了。人不能选择自己的被抛入的处境和地位，但却能选择赋予事实性的意义和对它进行反抗。这恰似自为对于自在的原始关系：没有自在则自为无以存在，然而自为却可以把它虚无化并自由地赋予它以意义，自为只有从自在出发并且反对自在才能奠定自己。在《存在与虚无》的最后部分中，萨特又赋予自由的事实性以另一种更深刻的含义，即不能不是自由的这一事实就是自由的事实性。意思是说，人的自由不是自己自主地给予自己的，而是被判定给人的，人只能承受自由而不能选择不自由。总之，事实性的这两种含义都是讲自为的被抛的偶然性方面。

自为的直接结构中更为重要的是价值与可能。萨特认为，价值与可能都是与人的实在的涌现一起出现在世界上的，同时，自为若不被价值纠缠并朝着其固有的可能而谋划，它就不可能显现。人的实在是一种欠缺，而不是与自身重合的满足。欠缺是一种三位一体的结构：存在者、欠缺者、所欠缺者整体。可以形象地说，存在者是一弯新月，所欠缺者整体是一轮满月，而欠缺者则是新月为了成为满月所欠缺的那一块缺月，所欠缺者（满月）是存在者（新月）与欠缺者（缺月）两者的综合所实现的整体。人的欲望就具有这种结构：存在者是欲望本身的直接性，即是其所不是且不是其所是的自为；而所欠缺者整体则是欲望的满足，即是其所是的完满存在，这就是自为所追求的，它应该是其存在基础的自在，即自为与自在重合的统一；欠缺者就是为了欲望的满足而欠缺的那个实现满足的自为，即自为还不是但却应该是的将来的自为，与这个实现满足的自为相对应的才是用来满足欲望的世界中的对象。例如，一杯水（世界）是口渴的人（存在者）为了渴的满足（所欠缺者整体）而喝水的人（欠缺者）的对象。所欠缺者整体就是价值，而欠缺者就是可能。

价值是自为所不是但又应该是的自在存在，可能则是自为为了在实现价值的同时与自身重合而欠缺的自为。价值是超越性的根源，人的实在之所以超出自身，就是因为它向着它所欠缺的价值而超越，并在这种超越中使自身存在。作为自为所追求的价值的不在场的自在不同于作为自为的事实性的给定的自在，后者是一种自为不是其存在基础的自在，而价值则是一种自为是其存在基础的自在，最高的价值就是统一的自在—自为，即宗教称为上帝的自因的存在。但是，这是自为与自在之间不可能实现的合题，因为它既有自在存在的充实不透明性，又保留着意识的半透明性，它既是存在又是虚无，既是自身与自身重合的实体存在，又是面对自我和世界在场的分离，它既是一个是其所是的存在，又是一个不是其所是和是其所不是的存在，总之，这个自在—自为在自身中集合了自在与自为的种种不可并存的特性。从可能方面来说，由于可能的实现而达到的自为将重新使自己成为自为，也就是同时面临新的可能，自为不断地向前抛出它自己设立的意义（可能），因而永远不能与自身重合。萨特做了一个风趣的比喻，人追求他的可能就如同一头驴子拉着一辆车，车上绑了一根胡萝卜吊在驴子前面，驴子为咬住胡萝卜所做的一切努力的结果，只是使整个套车前进，而胡萝卜则始终与驴子保持相同的距离。因此，人的实在就是被作为自在—自为整体的价值纠缠的存在，自为为了存在就必须追求这个最高价值，但又永远不能达到它。

　　把自为与自为的可能（将来的自我）相分离的东西，从一种意义上讲是虚无，而从另一种意义上讲就是与这虚无相应的世界上的存在者整体，自为必须越过它才能与可能的自我相汇合。萨特把这种自为与自为的可能之间的关系称为"自我性的圈子"，而世界是被自我性的圈子所穿越的。这里所说的世界不是自在存在，而是被自为的可能所纠缠并被它赋予了意义和统一的世界，即由不在场的自为所揭示的现象：事物—工具的世界。人的实在向着自己的可能超越这作为中介物的世界，从而使它成为实现可能的手段或障碍；同时，人的实在的可能也在它所揭示的这个世界的那一边的地平线上显现出来。因此，萨特说："没有世界，就没有自我性，就没有人；没有自我性，没有人，就没有世界。"

自为的时间性

人的实在与其可能分离的虚无就是时间性的起源。我思脱离瞬间性并向其可能而超越自身，是因为它只能存在于时间中。正是在时间中，自为才能以不是的方式是它自身的可能。

在考察时间性的本体论，即原始时间的存在之前，萨特首先对过去、现在、将来这时间三维进行了一番前本体论的、现象学的描述。

萨特认为，过去、现在、将来这时间三要素不是拼凑在一起的给定物的集合，而是一个原始综合的结构的诸环节，它们相互交叉、相互渗透，每一维都不是自立的，每一维都在时间整体的背景上出现。首先，过去是通过自为达到世界的。现在的存在是其自身的过去的基础，这一特点通过"曾是"表现出来。"曾是"是一种存在方式，它表示我现在既是我的过去，又不是我的过去。我的过去是我不得不是的无可挽回的存在，过去是我的本质，我对我的过去负责。但同时，我现在又不是我的过去，因为我曾经是它，在我的过去与我的现在之间有一个虚无把二者分离开，因此我能超越它，并能通过一个将来改变过去的意义。过去就是我所是的、被超越的自在，或说，过去是变成了自在的自为。

过去是自在，现在则是自为。现在的含义首先是空间意义上的自为面对自在存在的在场。面对一个存在而在场，就是以内在否定的方式与这个存在相联系，即自为不是自在但又面对自在而在场。从时间意义上说，不能以瞬间的方式去把握现在，因为现在不存在，它以逃逸的方式现时化自身。另一方面，现在不仅仅是使自为现时化的非存在，作为自为，它还具有在其前后的它以外的自身存在。它曾是其过去，又将是它的未来。但是，现在既逃脱了与它共同在场的存在，又逃脱了它曾是的存在，而逃向它将是的存在。现在不是它所是（过去），是它所不是（将来）。

将来是通过人的实在来到世界上的，如果将来在世界的地平线上展现出轮廓，这仅仅是由某个就是它自身固有的未来的存在所致。之所以有一个将来，是因为自为应该是其存在，而不仅仅简单地是其存在。合目的性是颠倒了的因果性，即未来状态的有效性。自为超出存在之外而是的一切就是未来。将来是欠缺，这欠缺使现在逃离过去并成为面对……在场。将来是自为面对一个将来的自我及其设置的未来世界而在场。作为将来的将来永远不能与过去重合，实现了的将来就已经滑入过去，同时，现在又作为欠缺而设置了一个新的将来，这就是本体论的失望的根源。将来把其意义赋予我的现在，因为我是一个意义始终有疑问的存在。将来不是自在，也不以自为的存在方式去存在，它是自为的意义。作为将来的将来不存在，它自我可能化。

对时间的三种出神的现象学描述使我们看到了时间性的整体结构。在此基础上，萨特进入了对原始时间性的本体论研究，即探讨原始时间性的三维整体结构及其变化的存在基础。这个探讨是按照两种观点进行的：时间的静力学研究时间三维复合体的整体结构，时间动力学则研究时间三维变化的本体论基础。时间动力学可以揭示时间静态结构的奥秘。

萨特在论述其时间静力学时，首先批判了把时间性视为自在性的给定容器的观点，因为这样一来既无法理解这个自在存在如何能自我分解为多样性，也无法说明被当作小容器的瞬间自在如何可以自我聚集到一个时间的统一性中。他认为应该把时间性看作一种使自身多样化的统一性，这种新型的统一被他称为出神的统一：出神的意思就是与自身的距离，每个状态都将超出自身之外，在彼处存在，以便可以先于或者后于另外一个状态。然而时间性自身并不存在，只有自为才能存在于自我的出神统一之中，即只有自为才能在其存在中是在彼处的、在自我之外的自我，从而才能是先于或者后于自我的，并且能使一般时间性的在先、在后出现。因此，时间性是自为的存在，是自为的内部存在结构。自为必须以出神的方式是时间性，自为在存在过程中时间化自身。反之亦然，自为只有以时间的方式才能存在。萨特用了一个比喻说明自为的存在方式：古代世界的人们把犹太人深刻的凝聚力和分散性称为"第亚斯波拉"（diaspora，希腊语，意为犹太人的散居各国）。而自为的存在方式就是第亚斯波拉式的，这就是说，自为以既分散于各维度中而又统一的方式存在。

自为最初的三个出神维度既是虚无化的原始意义又是最小的虚无化，这就是，自为能够而且必须：第一，不是其所是；第二，是其所不是；第三，在一种不断的返回的统一中，是其所不是，又不是其所是。任何意识都按照这三个维度存在。自为同时存在于它的所有这三个维度中，每个维度都是一种徒然向着自我投射自身的方式，都是在一个虚无的那一边是人们所是的方式。

在第一个维度中，自为所是的是在它后面的存在，即过去，然而自为又不是这个存在，有一个虚无把它与它所是的分开。过去是被超越的事实性，它是自为的一个必然结构，因为自为只能作为一种虚无化的超越而存在，而超越就意味着有一个被超越物。因此，自为不可能是没有过去的绝对新事物，自为总是作为与其过去的出神统一而来到世界上的，绝不会有一种没有过去的绝对开端。自为正是通过超越一个它所是的不可挽回的过去而在存在中涌现。过去纠缠着自为。在第二个维度（将来）中，自为被把握为一个欠缺，自为是其尚未是但又应该是的自我，它把我视作一个未完成而且也不能完成的整体。

在第三个维度（现在）中，自为是面对存在在场，是在统一中逃离自身。总之，时间性的三个虚无化的出神的意义就是，自为在自身之前或在自身之后或在自身对面并同时在自身之前或之后，但从来不能与自身重合。

现在、过去和将来同时把自为的存在分散于三维中，其中任何一维对于其他二维都没有本体论的优先性，若没有其他二维，单独一维便不能存在。自为的三维出神的统一就是，自为在现在的涌现中，以其尚不是的将来赋予其曾是的过去以意义，同时在其正逃避的过去的前景中应该是其将来。因此，时间的每一维度都能在别的维度中找到它的意义。但是，萨特与海德格尔不同，后者强调将来的出神，而他则更强调现在的出神，因为有了现在虚无化的涌现，自为才超越它曾是的过去，也才被它尚不是的将来的欠缺所纠缠。在时间性的整体综合形式中，现在是不可缺少的非存在的空洞，但现在并不在本体论上先于过去或将来，它受过去和将来的制约，同时也制约着过去和将来。自为是同时在现在、过去、将来三维时间性中的涌现。"自为是这样的存在，它必须在时间性的第亚斯波拉的形式下是它的存在。"

萨特的时间静力学论述了时间三维既分散又联系的出神统一，而时间性的动力学则研究时间三维的变化及其本体论基础。萨特批评康德和莱布尼茨以恒常性实体作为变化的基础，以时间性作为变化的尺度，因为这样一来，若没有变化就不会有时间性了。萨特认为，自为不是实体，因此，它的变化必然是没有实体的纯粹的绝对的变化，这种变化属于不断自己设置自己又不断否定自己的自发性。而且，正是自为的时间性是变化的基础，而不是变化奠定了时间性。时间性就是自为的自我时间化，正因为自为是对一个现在的虚无化，从而使自为涌现为一个新的现在，即不断使自身现时化。这样，前一个现在才会过去了，即新的现在使它曾经是的现在过去化。当然，新现在也同时设立一个新的将来，使新现在自身重新将来化。自为的时间化引起的这种改变是时间性的整体变化：现在变为过去，过去变为过去的过去，将来则变成过去的将来。因此原始时间三维不是表象的联系，而是它们的存在关系。这种无穷无尽至死方休的自我时间化的动力学是自为的一种基本的本体论结构。

以上所述都是自为的原始时间性。萨特认为，以此为基础，还有两种时间性。一个是心理时间性，它是原始时间性在自在性心理对象中的投影，也就是自我及其状态、性质和活动统一起来的心理世界。它与原始时间的区别在于，它是向反思显现出来的，而原始时间则处于反思前的我思的层面；它只在过去中存在着，并按照实体化了的先—后顺序把所有过去的心理对象排列了起来，而原始时间则是当下的自我时间化。另一种时间是世界的时间或普遍的时间，它是自为原始时间性的内在出神关系投射在自在存在中而反映出来的一种纯粹外在性的客观关系，这种时间性是在萨特论述超越性时加以说明的。

认识与世界

自为存在与自在存在的原始关系是什么？这是贯穿《存在与虚无》全书的主题。萨特认为，超越的自在存在由于是孤立的惰性物，所以完全不能主动地作用于意识，因此他拒绝了以物质对意识的主动作用为根据来解决二者关系问题的实在论（唯物主义）。另一方面，他批评唯心主义要么一开始就把主观性当作某种给定的实体性的自在性的东西赋予了意识，要么把存在还原为被感知并使之封闭于主观意识之内。这两种方案都导致意识可以独立存在并且既无可能也无必要超出它的主观性去作用于或用其主观性成分去建造一个超越的自在存在。而萨特本人则认为，作为非反思层面上的意识的自为本身是空洞的虚无，它自身内没有任何实体性的给定物，所以它既不能独立存在也不能建造自在存在。然而正因为它是不能自存的虚无，所以为了存在它就必须投向自身之外，投向它所不是的自在存在，以便通过这种否定性的关系从自在借来一个存在，这就是意识的超越性，也可以称之为意向性，它是自为的出神方式之一，而且这是一种自为对自在的单向能动关系。因此，意识对自在存在的原始关系不能是统一两个原本孤立的实体的外在关系，而是处于这关系中的存在本身的构成成分。显然，这关系不可能是自在存在的构成成分，而只能是自为存在的构成成分，因此，自为不仅是二者关系中的一项，而且还是这关系本身。正是在这种自为对自在的出神关系的基础上，认识和行动才能显现出来，认识和行动只是一种原始关系的两个抽象方面。

萨特认为，除了直观的认识之外没有别的认识，把演绎和推理称为认识是不准确的，它们只不过是导致直观的工具。这是因为演绎和推理只是思想内部的关系，而直观是意识直接面对事物在场，即自为对自在的存在关系。意识是对某物的意识，但是意识面对其在场的事物恰恰不是意识。因此，这个"不是"的原始否定关系先天地是一切认识理论的基础，否则这事物就不能被看作认识对象，作为认识者的自为也无法存在，因为自为正是通过否定这自在的事物才得以存在。作为认识基础的这种原始否定关系不是外在的否定，而是内在的否定。所谓外在否定是由一个见证人在两个存在之间建立的纯粹外在联系。比如我说杯子不是墨水瓶，这个否定的基础既不在杯子中也不在墨水瓶中，而只是我在它们之间建立起来的观念的联系。这个否定既没有增添也没有减少它们的一点性质，也没有用来构造它们，所以是严格外在的。相反，内在否定则是，一个存在通过对另一个存在的否定而反过来在自身本质内否定地规定了自身的存在。比如我不美，这个否定不仅否定了我是这个美，而且这个作为否定性的不美反过来否定地规定我自己的存在，它解释了我的伤感和我的人世生活的不成功。显然，自在存在没有内在否定，只有自为才能进行内在的否定，即在其存在内能被它所不是的自在存在否定地规定。作为自为面对它所不是的自在而在场的认识恰恰是这种内在否定，因为对自在的每一个揭示都是对自为的否定的规定，因此这个内在的原始否定是一切认识的本体论基础。在认识的这种出神关系中，自在存在是充实的具体的一极，而自为只不过是使自在在其中凸现出来的空洞。因此，认识关系中的唯一存在是被认识的东西，而认识者只是一种纯粹的否定，它的唯一规定就是，它"不是"它所认识的对象。认识者使得"有了"存在，就是说使得自在存在显现为世界（现象），认识者自身则只是使得"有"存在的虚无。

奠定了认识的本体论基础之后，萨特具体论述了一系列认识世界的范畴，其中比较重要的是：空间、潜在性、工具性和世界时间。

萨特认为，空间是一种纯粹的外在关系，它是相互没有任何关系的各个自在存在之间的一种运动的关系。一方面，空间不存在，它只是一些自在相对于另一些自在的独立性；另一方面，面对这些自在存在在场的自为，通过其自身的时间化而连续地使空间空间化，就是说，使各个自在之间显现出一种作为位置的漠不相关的外在关系。这种外在关系一旦被实体化，就成了几何学的研究对象。空间的外在否定关系既有自在的特征又有观念的（理想的）特征：它以自在存在为前提，有自在存在时它才能显现，因为它是自在存在之间的漠不相关；它又通过自为的内在否定（自为不是自在的漠不相关）获得了一种观念的连接，从而作为一种自在之间没有关系的外在否定关系向自为揭示出来。这种外在否定关系让自在事物完全不经触动地保留下来。

　　此处需要特别指出的是，以上所说的是抽掉了实践活动以后对自在的外在空间关系的抽象描述，而萨特在其他著作中（如《情绪理论纲要》）以及《存在与虚无》的后面曾几次指出：原始的空间是美国社会学家和心理学家莱温（Lewin，1890~1947）所提出的路径学的空间。这是一种人的空间，它不是以纯粹的空间坐标来规定各个存在物的位置的，也不是由纯粹静观的意识所把握的，相反，它是根据人与人的具体生活关系以及人为了完成活动而与物发生的实践关系来规定的。比如，恋人与恋人之间的距离是根据双方关系的性质而变化的。又如，当人们说，一盒烟草在壁炉上，这意味着如果人们想去抽烟斗就应该走过三米的距离，并避开某些障碍物。因此，这是一种被人的活动的目的论结构（目的、手段、可能、工具、障碍……）所渗透的空间。这种路径学空间是外在性空间的基础和前提，外在性空间只是它的一个抽象方面。

　　人们常说满月是新月的潜在性，花朵是花蕾的潜在性，燃烧是火柴的潜在性，但是，萨特指出，作为自在的某物与其潜在性之间的关系仍然是漠不相关的外在关系，假如没有作为见证人的第三者在它们之间做一种时间性的连接，自在的某物仍然可以独立于其潜在性而是其所是。相反，自为在世界上的涌现相应地使各种潜在性涌现出来，正是由于自为是其自身的将来、可能和欠缺，事物才被揭示为具有了潜在性，自为正是从所欠缺的将来的可能回过头来把现在的某物规定为具有这种潜在性的。在这里，认识仍然没有触动存在，它只是使得有了存在，使存在与其潜在性的虚无只有一种外在性的否定关系。

　　萨特曾说过，人的实在都是为了……而欠缺……，即为了实现价值而欠缺可能。同时，从现在的自为到将来的可能的自为之间形成了一个自我性的圈子，世界就是被自我性的圈子所穿越的障碍或工具的整体，或者说世界就是自为的可能在自在中的相关物。我们在日常生活中所具有的任务与工具或目的与手段的关系，就是自为的这种为了……欠缺……的存在的本体论结构降级、堕落于外在性中的产物。在这种降级的关系中，任务或目的就相当于为了……的存在即价值，而为达目的所欠缺的则是我的可能以及与其相关的工具或手段。各个工具就是世界上的各种事物，这些事物—工具作为自在的诸事物，它们各自独立而没有任何关系，但作为工具，它们则通过内在否定从不是它们的任务或目的那里获得了一种观念的连接。因此诸工具之间的关系仍是一种外在的否定关系，诸工具的整体在世界中的秩序就是为实现我的目的而欠缺的我的可能投射在自在中的形象。

萨特在论述潜在性和工具性时还提到，自然科学的认识企图从认识对象中消除一切潜在性并剥掉一切工具性，想要认识纯粹的事物，并企图建立纯粹的绝对的外在关系。但是，这种企图不会完全成功，因为科学认识既不能超越也不能消除知觉的原始的时间性的潜在化结构，相反，它必须以这结构为前提才能设想事物的先后出现的时间性。萨特在后面讲到世界的时间性时还特别指出因果性原则的起源或必要前提同样是知觉的时间性的原始结构。而且，具有目的论结构（自为对自在的原始时间性结构的具体化）的活动是认识的基础，任何认识都是为了实现某一目的的活动的一个抽象环节，认识都是有目的的，只不过这种目的论联系不是自在存在的诸事物自身所具有的（如同拟人论所断言的那样），而只是人的意识从外面赋予诸自在事物的一种观念的联系。萨特强调，事物并非先是事物后来成为工具，而是它们一开始对意识显现时就原始地作为事物—工具，科学家则是在后来才把工具性从事物上剥离下来。现代微观物理学使观察者回到科学认识系统之内，这不是以纯粹主观性的名义——它并不比纯粹客观性的概念具有更多的含义——而是恢复了人与世界的原始关系以及人在世界中的位置。纯粹认识的观点就是没有观点的认识，因此是原则上处于世界之外的对世界的认识，这是毫无意义的。唯一可能的观点是介入的认识的观点，认识只能是已介入到人们所处的一种特定观点中的涌现，这是一种本体论的必然性。

萨特认为，自在不具有时间性，因为自在仅仅是其所是，而时间性是自为与自身永远保持一个距离的统一存在的方式（出神统一）。因此，自为是（原始的）时间性，而世界的时间或普遍时间是通过自为来到世界上的。概括地说，自在的非时间性既然通过时间化自身的自为而被揭示出来，那么自在原始地就显现为时间性的；但是既然自在是其所是，它就拒绝了是自己的时间性，它只反映了时间，而且它还把内在出神关系（时间性的起源）反映为一种纯粹外在性的客观关系。世界时间的过去一维是由一些同质的瞬间造成的，并且由一个纯粹外在的关系重新连接起来。世界时间的现在是一个无法把握的瞬间，它是纯粹的滑动，它刚一出现就已经被超越，已经处于自身之外了。它就是那个是其所不是又不是其所是的自为的现在投射到自在的层面上的形象。世界的将来则是由诸多小小的空洞容器排列起来的系列，这些自在的小将来互相漠不相关并且与现在漠不相关，只有通过我对自己的可能性的谋划才能把世界时间的将来和现在显现为连接在一种外在否定的客观关系中。总之，世界时间只是自为向其自身的出神谋划的客观映象，是在人的实在的运动中的凝聚力的客观映象。如果就世界时间本身来考察时间，它就立刻崩溃为各个瞬间的分散的绝对复多性，因而失去全部时间本性并被还原为完全的非时间性。事实上，我们对客观时间的最初理解是实践的，正由于我超过共现在的存在趋向我的诸可能性，我才把客观时间揭示为将我与我的可能分离的虚无在世界中的相关物。

　　萨特在"超越性"这一章的最后一节总结了他将其理解为自为对自在的基本的本体论关系的认识。在本章开始他曾批评过唯心主义和唯物主义，此处他又指出了二者的合理因素，同时对之进行重新理解并赋予新的含义，最终总结性地论述了他自己的认识理论及其本体论基础和本体论要求。首先，他同意唯心主义的看法，即自为的存在是对存在的认识，但这不能理解为认识是存在的尺度，因为自为并非只是由于进行认识或被认识才存在，除了认识之外，自为还可以通过其他意向性活动而存在，如情感、欲望、行动等，而且认识者自身在非反思的层面上是超出认识之外的。因此，自为的存在与认识的同一性应该理解为，在自为面对自在在场的认识中，自为通过把自在虚无化而使之作为一个世界显现出来，同时自己也就作为使世界显现的那个虚无而得以存在。这就是说，认识首先是自为对自在的本体论的存在关系以及使世界和自为得以存在的一种方式。通过认识，自为与自在发生一种勾连（articulation）从而形成一种自为对自在的既否定又趋赴（肯定）的单向联系的准整体。这个准整体就是作为现象的世界，它的一端是自为，另一端是自在，以自在为基础，以自为为关系，它就是通过自为对自在的内在否定和意向肯定由自为在自在的表面上揭示出来的一个有秩序的世界。

　　另一方面，萨特也同意实在论（唯物主义）的看法，即在认识中自为面对其在场的东西只是存在本身，自为没有给自在添加什么，除了有出自在（使自在显现）这一事实。前面关于认识所说的一切，如世界、事物—工具、空间、世界时间等等，都是被实体化了的虚无，这些对自在来说纯粹外在的关系丝毫不能触及或改变通过它们而显现出来的自在存在本身。然而，与实在论不同的是，自在不能认识自身，也不能由自身主动地影响我的认识。有出存在，是因为我是对存在的否定，而且世界性、空间性、工具性、时间性等都只因我是对自在存在的否定才来到自在存在。它们虽然只是"有出……"的被虚无化了的纯粹条件，但是这些使我不是自在的条件却以一个无限的距离（虚无、否定）把我与自在彻底分开了，因为认识自在的只能是一个不是自在的有意识的自为。

因此，认识中有一个不可克服的矛盾：认识的理想就是达到人们所认识的东西，而认识的原始结构却是"不是被认识的东西"。认识者不是被认识者这一点正是认识的本体论基础，但认识的本体论要求却是认识者成为被认识者，这就是认识的本体论基础与认识的本体论要求的矛盾。因此，认识就是自为与自在之间的一种紧张关系，一端是自在，另一端是自为，但它既不完全在这一边也不完全在那一边，如果我希望它是主观的，它就把我推向绝对存在，当我自认把握了绝对时，它又把我推回我本身。认识的意义就是"是其所不是又不是其所是"，因为为了认识如其所是的存在，它就必须成为这个存在，但是有出这个如其所是的认识正是因为有意识的我不是我认识的无意识的存在；而且一旦我变成了它，如其所是的认识就会消失，甚至不再能被思维。这不仅因为从逻辑上讲没有主体就没有对象，更重要的是，自为成为自在，二者就没有了距离，也就不可能分开以便自为把自在当作对象来思维了，这正如观察者能看见整个世界，却看不见自己的眼睛（观察者自己），因为认识者与认识对象之间的距离（分裂、否定）正是前面所说的一切认识关系得以成立的本体论前提。至于泛神论所描述的那种意识与世界的融合，并不是意识融入了自在世界，而恰恰是萨特所说的作为虚无的意识直接地直观那唯一的存在——世界。因此萨特认为，虽然有一种对自在的"认识的真理，但是这个真理尽管不多不少只向我们提供了绝对，仍然严格地是人的"。也就是说，这只能是人们以自为对自在的单向内在否定和自为的时间化的方式显现自在的一种外在性关系的真理，可以说这是自为要求达到自在但却不可能达到自在或意识直观自在却又不能成为自在的一种现象的真理。这种认识的本体论基础与认识的本体论要求的矛盾类似于萨特曾在价值中指出的矛盾，即自为的最高价值是要达到与自在的合一，而自为之所以能设立价值却正因为自为不是自在。这两个矛盾从根本上说就是自为既完全异于自在却又不懈地追求自在，但永远也不能实现与自在最终统一的基本的本体论矛盾在两个领域中的表现。

五、为他存在

萨特认为，人的实在既是自为的存在又是为他的存在。但是为他的存在不是自为的本体论结构，我们既不能从自为存在中推演出为他存在，也不能从为他存在中推演出自为存在。因此，为他存在是人的另一种完全不同的本体论结构。

对他人存在的证明

萨特的为他存在是与他人的存在紧密相关的，因此首先要解决他人存在的证明问题。萨特批评了实在论、唯心论、康德的批判主义以及莱布尼茨求助于上帝的观点，认为它们或者陷入唯我论，或者重新落入形而上学的独断论，或者求助于一个无用的第三者，却都不能真正解决证明他人存在的问题。萨特认为，一种关于他人存在的正确理论若想同时避免唯我论而又不求助于上帝，它就必须把我与他人的原始关系看成双向的内在否定，即以他人规定我，又以我规定他人。他认为："他人，其实就是别人，即不是我自己的那个我。"这就是把内在否定当作他人存在的构成性结构，而唯心论和实在论的共同错误前提就是我与他人之间的关系是分离的外在否定的关系。他指出，没有任何人真是唯我论者，我总是知道他人存在着，我对他人的存在有一种本体论前的领会，其中包含对他人的本性和他与我的存在的存在关系的理解，这就是说，有一种涉及他人存在的我思。在他人问题上与在其他问题上一样，唯一可能的出发点就是经过改造的笛卡儿的我思。我思不仅证明了我的存在，而且只需稍微扩展它的意义，就能把我抛到我思之外，证明自在的存在（"意识就是对某物的意识"的本体论证明），并且证明他人的存在，这是一种更为严密的本体论证明。但是，我思向我们揭示的不是一个对象——他人，而首先是一个主体——他人。因为他人作为认识或感知的对象只能是或然的，而我和他人的关系首先并且从根本上来讲是存在与存在的关系，而不是认识与认识的关系，因为他人直接影响到我的存在。这样，唯我论才有可能真正被驳倒。

萨特以注视为例阐明他人的存在和我与他人的关系。作为一切有关他人的理论的基础的他人与我的原始关系是，他人是注视着我的人，而我就相应地是被他人注视的对象，即我的为他存在。正是通过揭示我的为他存在，我才能够把握他的主体存在。当我一个人偷偷地通过锁孔向一个房间里窥视时，我只是一个主体。但是现在我突然听到走廊里有脚步声，我突然意识到有人注视我，这意味着我在我的存在中突然被触及了，我的本体论结构发生了根本变化：我从主体变成了对象，从自为变成了为他，我的超越性变成了被超越的超越性。他人的注视使我和我的世界异化了，原来我所面对、组织和利用的作为工具性整体的世界变成了他人的世界，我不再是处境的主人，我也不再是我自己的主人，我变成了奴隶，他人利用我作为达到他的目的的手段，于是我处于危险中，这就是我的为他存在的恒常结构。因此，自由只能被自由所限制，他人的自由才能使我失去自由，相反，一种物质障碍不能使我的自由变成凝固的对象物，它只是使我谋划别的可能性的诱因。在我意识到我变成对象的同时，通过注视，我具体地体验到他人是自由和有意识的主体。我在他人的注视下对我感到羞耻，这个结构是一个三维的统一：主体我（自为的我）、主体他人、对象我（为他的我）。羞耻是对他人的揭示，但不是以对某物的意识那种揭示对象的方式，而是以意识的一个环节从侧面意味着作为它的动因的另一个环节的方式而实现的。这表明不应该首先在世界中寻找他人，而是应该到一个意识那里去寻找。"正如我的被我思把握的意识无可怀疑地证明了它自身和它自己的存在一样，某些特殊的意识，例如'羞耻意识'，对我思无可怀疑地证明了它们自身以及他人的存在。"他人的无可置疑性和事实必然性就是我自己的意识的无可置疑性和事实必然性。然而，或许有人会说，他人注视我仅仅是或然的，比如，我听到的脚步声只是一场虚惊，或是一只狗、一个机器人，事实上并没有他人在场，那么我的羞耻意识不就成了虚假的，它对他人的证明不就也是虚假的了吗？但这并不能成为真正的困难，他人作为我所感知的对象在我的经验范围内的显现的或然性不能使主体他人的显现的自明性失效。确实无疑的东西是我被注视以及必然有进行注视的主体他人，而某一个被我感知的他人只是对我的告诫和实现我的被注视的为他存在的纯粹诱因，可疑的只是他人是否实际在场。即使被我误认为是注视我的他人并不在场，这场虚惊也足以使我感到我的为他存在并可能因此放弃窥视。这是因为在场与不在场是他人面对我的基本在场的两种具体规定，无论他人实际上在场还是不在场，世界上总有他人面对我在场并且我总有为他存在的一维，这是本体论上的必然无疑性。这也就是中国儒家之所以讲"慎独"的根本依据。总之，注视的本质不是具体的"看"，而是主体他人对于作为对象的我的一般意义上的单向敌对关系，和对象的我对于主体他人的被动的为他存在的一般关系。萨特就是这样通过我自己意识中为他存在的一维无可辩驳地证明了主体他人的存在。他绕过认识论上的感觉"屏障"，直接从我与他人本体论上的存在关系中把握他人的存在，从而作出了自贝克莱、休谟以来对唯我论的有力的驳斥。

与他人的具体关系

萨特认为，我的为他存在徘徊于起源完全不同而且意义完全相反的两个否定之间：他人不是我，但具有对我（为他）的直观，而我是这个我（为他），但却没有对这个我的直观。所以，我的为他存在是由他人主体产生的，却要由我对之负责。羞耻、骄傲和畏惧就是几种具有相同结构又各有不同特点的承担我的对象性的负责态度，其中羞耻更为基本。但是同时，这几种态度又包含着对我的自我性的理解，从而促使我通过超越他人而夺回我的自为存在。这将进入我与他人关系的第二个环节：把他人构成为对象。

在萨特看来，我并不是抽象地把自己把握为我自身的纯粹可能性，而是在向这样那样的目的的具体谋划中体验到我的自我性的。我只是作为介入的东西而存在，并且获得（对）我的介入的存在（的）非设置性意识。他人也是介入的存在，他的超越性显现为超越工具趋向某些目的的活动。我在对我本身的统一谋划中超越他人的目的和工具组织以及他人的活动，从而使他的超越性成为被超越的超越性，把他当作我的工具和障碍的统一体，使他成为对象他人。认识他人只能是认识作为对象的他人，而主体他人是我们通过我们的为他存在而感受到的。况且，主体他人根本不可能被认识，因为在主体性中他人什么也不是，他仅仅是其所不是又不是其所是。作为认识对象的他人只不过是他的一系列表现与活动，以及在他周围通过他的目的组织起来的工具复合体的世界，即处境。如果我弄错了他人的一个意图，这不是因为我把他的表现与一个不属于他的主观性联系起来，而是因为我围绕他的表现去组织整个世界的方式不同于他实际上组织起这世界的方式。总之，他人对我们来说只能以主体和对象两种形式交替出现：如果我明白地感受到主体他人，我就不能认识他；如果我认识了并且作用于对象他人，我就只达到他的对象存在和他的没于世界中的或然存在；他人的这两种形式的任何综合整体都是不可设想的。

　　萨特的他人理论中历来最遭物议的就是人与他人具体关系的观点。在这一问题上，他最激进最极端的论点是：要么我注视他人，要么他人注视我，或超越他人并把他人对象化，或被他人所超越并被他人对象化，相互对象化或冲突是人与人的原始关系。然而，除此之外，还有两种分别与这两种极端态度相对应的较温和的关系或态度。第一种态度与我被他人的自由所对象化的态度相对应，我自由地以我的对象性试图去把握他人的自由但同时保留他人的自由。因为他人的自由是我的自在的为他存在的基础，我与他人自由的同化就是与我自己的为他的自在存在的同化，从而我就成为我自己的存在的基础。这种同化一旦成功，也就实现了我是他人、他人是我、我的自由与他人的自由并存的理想价值，这也是一种自为存在与自在的为他存在相统一的上帝。第二种态度与我的自由把他人对象化的态度相对应，我以我自由的事实性试图去把握他人自由地提供给我的作为对象的事实性。一旦这种同化成功，也同样会在事实性的层面上实现他人自由与我的自由并存、自为存在与自在的为他存在相统一的理想。这两种温和形式与两种极端形式的差别在于，前两者以我与他人的相互性关系去试图实现上述理想，而后两者则采取我与他人的非相互性关系而完全放弃了这种埋想，使我与他人彻底处于激烈的冲突之中。

　　萨特以人对他人的性态度为基本模式具体描述了这些关系类型，这四种形式分别相应于：性受虐狂（我被他人所超越）、性虐待狂（我超越他人）、爱情（我以自己的自由对象性去同化他人的自由）、情欲（我以自己的自由去同化他人的自由对象性）。萨特之所以这样做是因为，他认为性的态度是对待他人的原始行为，其中必然包括为他存在的原始偶然性以及自为的事实性的原始偶然性。人们相互间的一切复杂行为都是这些原始态度的丰富化，其他的具体社会性行为（合作、斗争、竞争、介入、服从等等）都以基本的性态度为基础同时又超越了性态度，因为其他社会行为还要取决于历史处境和自为与他人每种关系的特殊性。但是要强调指出的是，萨特反对把性态度理解为一开始就服从于生理的和经验的结构，不同意弗洛伊德所谓的到处存在的性欲（libido）。实际上，萨特在这里所说的性态度是一种哲学意义上的人与他人的本体论关系，即自为用以实现其为他存在并努力超越这种偶然性事实处境的基本谋划。萨特认为，爱情由于以我的对象性同化他人自由的努力的失败而导致我的对象性完全屈服于他人自由的性受虐狂，而后者的失败又使自为采取以我的自由同化他人对象性的情欲的态度，由于这种态度同样不能成功，从而导致以我的自由奴役他人对象性的性虐待狂的态度，然而最终后者在他人的自由注视面前同样崩溃了。这样，前两种态度导致后两种态度，后两种态度又返回到前两种态度，我与他人的关系就陷入了循环之中，我们不断地从对象他人被推回到主体他人，又从主体他人被推回到对象他人，这一过程循环往复永不停息。其原因就是我们对每一种态度都不能满意，每一种我与他人的关系都不能同时把他人揭示为主体和对象，因此也就不能使我的自由和他人的自由同时实现。我们所追求的同时理解他人的自由和他人的客观性的目标是一个不可实现的理想，我们永远也不能具体地置身于相互平等的层面上，即不能置身于我们承认他人的自由导致他人承认我们的自由的层面上。即使按照康德的教诲把他人的自由当作无条件的目的，也是把它变成了被超越的超越性，即把他人当作工具来实现这个自由。所有自由政治的悖论正如卢梭所说：我应该"强迫"他人是自由的。甚至对他人宽容也不过是用强力把他人抛入一个宽容的世界。因此萨特认为，尊重他人的自由是一句空话，因为我们已经被抛进面对他人的世界，我们的存在就是他人自由的自由限制，这是我与他人关系的无法改变的原始处境。即使出于憎恨而把他人全部杀死也同样无法摆脱已被他人异化的为他存在，而且没有他人，我就丧失了我的为他存在的一维而变得残缺不全，我就不能存在，不能认识我自己，因此他人对我们的存在和认识我们自身仍然是至关重要的。

　　萨特在这里讲的我与他人的关系及后面讲到的第三者与我们的关系的思想主题曾在他出版《存在与虚无》一年之后（1944）以戏剧的形式表达出来，这就是独幕剧《禁闭》。剧中一句著名台词"他人就是地狱"招来多方责难，萨特自己也曾为之做过辩解。但平心而论，如果认真通读过《存在与虚无》和《禁闭》，结合剧中人物对话的上下文仔细推敲，就可以看出，萨特一方面认为我与他人的关系是冲突，另一方面也指出他人对我的存在和自我认识的重要性。后来萨特还强调了活人是可以通过新行动来改变旧行动的，人有砸碎地狱的自由。但是，如何才能摆脱人与他人冲突的恶性循环呢？在《存在与虚无》的一个脚注中萨特声称"并不排除一种解脱和拯救的道德的可能性，但这种可能性必须经过一种彻底的改宗而达到"。这意味着，此时的萨特把人与他人关系的改善寄托于重新选择一种道德，不过他一生也没有写出一本伦理学。而且，此时他仅仅满足于对人与他人的冲突关系作出一般的本体论描述，这就使人们不得不认为他把这种冲突看作人类普遍的不可逃脱的宿命，从而否定了人与人和谐相处的可能性。然而，当他写作《辩证理性批判》时，观点确有一些变化，他认为人与他人的冲突是由匮乏的物质环境所决定的，而且个人自由可以在集团的共同自由中实现。这后一个观点既与《存在与虚无》中关于"我们"的思想有联系，但又是对它的突破和发展。

共在与我们

在萨特看来，"我们"有两种形式，一是"我们—对象"，另一个是"我们—主体"，但两者不处于同一本体论层面上。对象我们是一种实在的经验，在其中我和别人一起通过羞耻把它体验为一种团体性异化。例如一群苦役犯看到一位盛装的美丽女子的来访，他们的破衣服、苦役和贫困，使这些苦役犯感到愤怒、羞耻以至窒息得说不出话来。因此，正是一个注视的第三者的出现，使得我们成为对象我们。因此，被压迫阶级的阶级意识是在作为第三者的压迫阶级的注视下产生的，而不是单纯由工作的艰辛、生活水平的低下或难以忍受的苦难所构成的，被压迫阶级在压迫阶级对它的认识中发现它作为对象我们的统一。人们常常有一个幻想，企图通过逐渐扩大他的团体的范围而把全人类都包括进去，从而形成一个全人类的对象我们。然而这种绝对的整体化是一个不可能实现的理想，因为这种恢复人类整体的努力若不确立一个第三者的存在就不可能发生，除非有一个人类之外的上帝充当这个注视的第三者，但上帝是不存在的，因此，人类注定要陷于相互斗争的被解体的整体之中，全人类的对象我们始终是一个空洞的概念。

一旦对象我们反过来注视第三者，并把第三者改造为对象他们时，对象我们就解脱出来并自我确立为主体我们。正是世界尤其是被制造的物质对象的世界使我们体验到自己属于一个主体我们。这个主体我们只不过是常人、人们，我只是其中一个失去了个体性、与别人可以互换的任意成员而已。人们工作的共同目的、使用的共同工具、劳动的共同节奏，我作为共同的消费者、共同服务对象、无名的共同观众，这些都否定了我的个性而把我构成未分化的超越性，使我体验到我是主体我们的成员之一。但是，这种经验只是个人意识中的纯粹心理学的主观事件，而不是与别人的具体本体论关系，它不实现任何"共在"。在主体我们中，每个人与每个人之间只有相似关系，但每人都是与别人分开的，相互之间没有实在的交叉、斗争和统一关系。压迫阶级相对于被压迫阶级而把握自身为主体我们，然而，压迫阶级尽管掌握着组织严密的压迫机器，但在它自身内仍然是深刻地无政府主义的，它不承认自己是一个阶级，而且压迫阶级的成员之间没有实际的共在的联合，他只需单独面对被压迫集团就足以把它构成对象工具了。只有当被压迫阶级起来反抗并注视他时，他才可能与其他压迫者联合为集团，但这时却已不是主体我们，而是对象我们了。因此，主体我们只是人与他人冲突的暂时平静，而不是冲突的最后解决。主体间统一的整体或人类的主体我们也同样是一个幻想。

萨特认为，对象我们与主体我们这两种经验之间没有任何对称性。前者揭示实在存在的一维并且相当于对为他存在的原始体验的简单丰富化。后者则是被沉浸在加工过的世界和特定经济类型的社会（商品社会）中的一个历史的个人所实现的心理学的经验，它不可能构成人的实在的一种本体论结构，它不是自为存在的丰富化，而只是一个纯粹主观的经历。在笔者看来，这种不对称性实际上是很牵强的。萨特认为，对象我们可以是联合统一的集团，而主体我们却不是，又说被压迫者必然联合而压迫者不必联合，这些都是根据不足的。他只用群集性去规定主体我们，但实际上压迫阶级所掌握的国家机器和各种组织不正是作为主体的集团吗？而且被压迫阶级一旦变成主体我们不也仍然可以是有组织的集团吗？在现实社会中，无论是压迫阶级的国家机器还是被压迫阶级的政党组织作为联合起来的主体我们都具有比群集性的对象我们更加严密的组织性和更加有机的分工合作关系。萨特之所以那样武断正是由于他坚持认为诸多对象可以相容共存，但诸多自为（自由主体）却无论如何不能相容共存。如果承认了后者可以共存，就会推翻他的基本理论：人与他人的本质关系不是"共在"，而是冲突。他近乎固执地坚持，要么超越他人要么被他人所超越，这个两难处境是人的实在永远无法摆脱的宿命。

六、处境中的自由

行动的首要条件是自由

萨特认为："拥有（avoir）、作为（faire）和存在（etre）是人的实在的三个基本范畴。它们把人的一切行为都归入它们的名下。"简单地说，它们三者的本质关系是自为的存在，就是通过"作为"直接地或者通过"拥有"间接地获得自在存在，从而使自身成为自在—自为的理想存在。萨特明确指出，自为是由行动定义的存在。自为超越自在而谋划它的可能性，"这种谋划不是静止地规定世界的外形，它每时每刻都在改变世界"。

首先，行动就是改变世界的形象，就是为了某一目的而安排运用某些手段，通过引起一系列变化，最终产生一个预定的结果。活动不是被决定的机械运动，它是人的自主的行动，其最重要的特征是，一个活动原则上是意向性的。一个人不小心跌落在水池中，他并没有行动，这只是一个服从地心引力的物体的运动；相反，一个跳水运动员有意识地作出一系列动作而纵身跃入水中，他作出了一个行动，因为他意向性地实现了一项有意识的谋划。其次，行动的必要条件之一是承认一个对象的欠缺，即一个要求获得但尚未存在的世界的状态。不是处境的艰苦引起我们去设想事物的另一种更好的状态，恰恰相反，正是从我们能设想事物的另一种状态的时刻起，一束新的光线照亮了我们的艰苦处境，在我们要谋划改变艰苦处境时，这个艰苦处境才对我们表现为不可忍受的。

因此，任何给定的现实状态都不能像原因引起结果那样引起一个活动，也不能决定意识把这个现实当作否定性或欠缺，只有通过自为的虚无化能力才能实现与给定物的分裂从而实现意识的自由，并且在意识的原始自由设置的目的和将来世界的照明下评价给定物。但这绝不是说意识能够在没有给定物的情况下存在，那样意识将成为对乌有的意识即无意识，自由也就成了对乌有的自由即无所谓自由。意识与给定物的关系既不能理解为后者决定前者，也不能理解为前者与后者完全隔绝而没有任何关系，准确而全面的理解应该是：意识对给定物具有一种单向否定和自由肯定的双重关系，这是一种既脱离又勾连的关系。一方面，意识通过对给定物的虚无化分离而使给定物丧失对意识的全部效力；另一方面，意识通过以自己的目的对给定物的评价又把它对意识的效力还给了它，从而使它成为一个行动的客观动因。意识与给定物的这种既脱离又勾连的微妙关系模式也就是自由与处境的关系，从最一般的意义上讲，也就是贯穿《存在与虚无》全书的自为对自在的基本的本体论关系。若不准确全面地把握这种双重关系就必然会孤立地从其中一个方面误解萨特的哲学。

与此相似，意识对它自身的给定物的关系也是这种既脱离又勾连的关系。一方面，自为必须永远把自己构成为相对过去的自我而虚无化地后退，否则自为作为一个自我就成了是其所是的给定物，它与其他给定物也就不可能有任何联系，世界也就无从显现了。因此，既然自为与它自己的过去分离，那么过去本身也就不可能产生一个活动。另一方面，自为又在它将要是的东西的照明下应该是它所曾是的存在，即从对它的将来的自我的谋划出发赋予它的过去以意义，从而自由地决定是抛弃它还是重新承担它，使它成为新活动的主观动力。

萨特强调指出："一切活动的必要和基本的条件就是行动的存在的自由。"当一个自由的意识涌现时，它设置了一个尚未存在的超越的目的，并且通过这个目的的照明既摆脱了世界和自我本身，又反过来赋予它们以动因和动力的价值。一切意向性活动都是三种时间出神的统一：过去的动因或动力、现在的活动、未来的目的这三者都是在同一个涌现中被构成的，其中任何一个结构都要求另外两项作为它的意义。正是活动决定它的目的和动因或动力，而活动则是自由的表现。萨特从这种活动整体结构的观点出发明确地指出了决定论者与孤立自由论者的缺陷。抽象的自由论者坚持没有任何事先动因或动力就可以作出决定和行动，实际上这是取消了活动的意向性结构，尤其是其过去的一维。相反，决定论者则坚持认为不存在任何没有动因或动力的活动，但他们却停留于单纯指出动因和动力并认为过去的动因或动力是引起活动的原因，因而不仅忽略了活动的将来一维，而且误解了动力或动因对活动的作用的性质。依照萨特的观点，动因和动力与活动的关系不是因果关系，而是建立于自为对自在的本体论关系基础之上的一种目的论关系。我们可以形象地说，活动不是被动力或动因所"推动"，而是被活动的目的所"拉动"，更准确地说是被自己设立的目的所"诱动"。

自由是选择的自主

萨特把自为的自由看作自为的存在，但是这种自由不是一个给定物，也不是一种属性，它只能在自我选择时存在。自为的自由总是已介入的，而不是先于它的选择而存在的自由。自为就是正在进行中的选择。选择不被给定的存在所决定，它对自己决定它自己的动因，自由是对其存在的选择，但不是其存在的基础。人的实在能够按照他所希望的去进行自我选择，但是不能不进行自我选择，不选择实际上就是选择了不选择，这就是自由的荒谬性、事实性或偶然性。然而，自由不单纯是偶然性，它还反过来用它的目的之光照亮存在，因而它又是对偶然性永恒的逃离。

对谋划的选择是自由的，但是萨特补充道，自由不能被理解为纯粹任性的、无法无天的、无缘无故的和不可理解的东西。我的每一个活动或具体的谋划既不故步自封也不变化无常，部分的谋划虽然不被整体的谋划所决定，但它是由于处境的特殊因素而产生的对整体谋划的特殊化和丰富化，因此部分谋划作为第二性的结构只能从整体谋划或基本选择出发而被理解。我们能够从一个具体活动出发，逆溯地一层一层地揭示它的意义，从最表面最具体的意义一直逆溯到最基本的意义为止，这时我们就达到了一种原始的基本的整体的谋划，一种世界观，即自为对自在的某种基本关系类型，或说自为的整体的在世存在。这种逆溯的辩证法是一种特殊的现象学方法，萨特称之为存在的精神分析法。虽然具体谋划都可以逆溯到基本谋划，但这并不意味着基本谋划是与自为的整个生命共外延的，基本谋划也可以虚无化自身，原始选择总能够重新选择。实际上，由于自由本身不是自在式的固定存在，所以谋划为了存在就必须不断更新。我永远在进行自我选择，而且永远不能作为已被选择定的而存在，即使我继续完成我以前选择的事业，这也只不过是我对这个过去选择的重新承担。因此，在生命的某一瞬间，我可以使一个新的基本谋划在旧谋划的崩溃上面涌现出来，旧的原始谋划则被虚无化而被推入过去，成为我以曾是的形式应该是的谋划，这意味着，从此这个旧谋划就属于我的处境了。在这个新旧交替的瞬间，由于我彻底改变了我的原始谋划，我就彻底地变成了另外一个人，这是一种彻底的改宗，一种世界观的彻底转变。萨特举例说，这个瞬间就是陀思妥耶夫斯基在《罪与罚》中生动而深刻地描述的主人公拉斯科尔尼柯夫决定自首的时刻，这些瞬间为我们的自由提供出最清晰和最生动的形象。

常有人以这样的论据来反对自由：由于事物的敌对系数非常之大，以至我们既不能按我们的意愿来改变我们的处境，也不能改变我们自己。萨特对此反驳道，事物的敌对系数不可能是反对我们的自由的论据，因为正是通过我们预先设置的目的，这种敌对系数才显现出来。比如一块岩石，如果我想搬动它，它便表现为一种深深的抵抗，然而当我想爬到它上面去观赏风景时，它又反过来成为一种宝贵的帮助。从它本身来看，它只是中性的，它等待被一个目的照亮，以便表露自己是一个对手还是一个助手。当然，即使事物是由我们的自由目的所揭示的，这仍然不意味着事物的敌对性就此消失，相反，在事物中仍然有一种自在的残留物，比如一块岩石利于攀登而另一块则不是这样。然而，正是由于自由在天然的自在事物中揭示的这种抵抗，自由才成其为真正的自由，即介入到抵抗的世界之中去的自由；也正是由于这一点，实在的自由才能使自身区别于纯粹设想的、使世界如在梦中那样随我的意识的变化而变化的、封闭于主观性内部的自由。但是，萨特强调指出，常识的和通俗的自由概念是指"达到被选择的目的的能力"，而他所提出的关于自由的专门哲学概念并不意味着"获得人们所要求的东西"的自由，而是"由自己决定自己去要求（广义的选择）"的自由，即选择的自主。这种自由既不同于纯粹的梦幻和愿望，也不同于获取的自由。例如，一个俘虏没有随时出狱的自由，但他随时都有谋划越狱并开始行动的自由，谋划、选择、意向就是活动的开始。不过，在笔者看来，仅仅孤立地强调选择的自主性的自由虽然有其深刻性的一面，但毕竟是残缺不全的抽象的自由，因而只是出发点上的动机的自由，以至在监狱等极端处境中就只能局限于意识领域中的自由。这样，萨特为了保住自由的普在性而牺牲了自由的现实性。他本人后来也多次批评自己的自由概念过分强调了主观性，并在《辩证理性批判》中对他早期的自由概念作了一些修正。

处境中的自由

萨特在确定了自由是选择的自主之后，进一步论述了事物的敌对系数与自由的关系。他认为，事物的敌对系数及其障碍的特点（以及工具的特点）对于自由是必不可少的前提，他同意某些现代哲学家的观点，即没有障碍就没有自由。由于我们不能承认自由自己为自己制造障碍，因此就应该承认自在对自为的本体论优先性。自由不是从虚无出发决定自己的存在，一个人不可能逃出他没有被关闭于其中的监狱，因此，自由的经验的和实践的概念是完全否定的，自由只有从一个给定的处境出发并通过对这种处境的虚无化的逃离才能自由地追求自己的目的，自由的涌现只是通过对他所是的存在（自为的身体、自为曾经是的本质的过去）和他没于其中的存在（世界）的双重虚无化而形成的。所以，自由原始地就是对给定物的关系。自由既是对处境的否定性脱离又是介入处境的，作为给定物的处境已不是天然的自在存在，它是作为自为进行防御或进攻的动因而被揭示出来的。这只是因为他自由地设置了目的，相对于这个目的来说，那些不能决定自为的事物状态才又反过来成为具有威胁性的或者有利的客观动因。因此，处境是自在的偶然性和自由的共同产物。作为抵抗或帮助的自在给定物只有在正进行谋划的自由的光照下才显现出来，只有在一个自由的涌现中，世界才显示了能使自由谋划的目的不可实现的抵抗，人只在自由的领域里才碰到障碍。但是，没有绝对的障碍，对我来说是障碍的东西可能对别人来说就不是障碍，障碍还是通过自由发明的技术和自由设置的目的的价值来揭示其敌对系数的。我的身体也只是相对于一种自由选择的目的才表现为虚弱的或是强壮的。"于是，我们开始看到了自由的悖论：只在处境中才有自由，也只通过自由才有处境。人的实在到处都碰到并不是他创造的抵抗和障碍，但是，这些抵抗和障碍只有在人的实在所是的自由选择中并通过这种选择才有意义。"

处境或自由的事实性就是自由应该是的并且以其谋划照亮了的给定物。这种给定物以几种不同的方式被表露出来，但又处于同一种光照的绝对统一中。例如，我的位置、我的过去、我的周围、我的邻人、我的死亡等等。这些结构中的每一个都不是单独被给出的，而是在其他处境结构的综合基础上显现的。

萨特——说明了在自由与所有事实性（处境）的关系中都具有的这种二律背反，首先在人与其位置的关系中就是如此。一方面，一个人出生的位置就是纯粹偶然性的事实；另一方面，正是在我自由谋划的未来目的的光照之下，我现在的位置才获得了作为流放地或作为有利的安居之地的意义。正是相对于我梦想看见纽约，我在穷乡僻壤的生活才是荒谬的和痛苦的。

人与其过去的关系中也有一个悖论：如果我存在，我便不可能没有一个过去，这是我的偶然性的必然性；但另一方面，我是使过去来到我本身和世界的一个存在。过去不能像在前的现象决定在后的现象那样决定我们的活动，但我们有一个不能随意改变的过去，而且正是从这个过去出发（即使是否定这个过去），我们才能采取新的行动。正是我现在对将来的自由谋划决定过去是被确认的、仍然活着的过去，还是被否认的、被超越的、已经死亡的过去；也正是对某一种将来的选择决定我是继承传统还是逃避传统，是把我的过去看作光荣的过去还是看作耻辱的过去。如果人类的诸社会是历史性的，这不仅仅是由于人类社会有一个过去，而是由于人类社会把过去作为纪念性的东西而重新承担了它。正是现实的谋划决定一个过去的历史事实是与现在连续的还是非连续的，因此，社会的过去的意义永远期待着将来的自由对它的认可，过去的意义就永远处于悬而未决的"延期的"状态中，这种期待和延期更明确地肯定了自由是人的实在的构成性成分。这就是说，任何一个历史时代对过去的历史事件的意义和历史人物的历史作用的回答都是相对的、未完成的，并等待新的未来作出新的判断，只要人类历史在发展，就不能最终定案。

我的周围是包围着我的诸多事物—工具连同它们的敌对性和工具性的固有系数。周围是在我的自由谋划中，即在我所是的那些目的的选择的界限内，才显现出来的；正是由于我的谋划，风才可能显现为逆风或顺风，太阳的光和热才表现为有利的或令人讨厌的。但有时，一个工具的改变会导致处境的改变并成为我改变或放弃某一谋划的动因。然而，把处境变化把握为放弃某一具体谋划的动因，只能在基本谋划的照明下才有可能，而且这是我们自由放弃的。当然，给定物的存在是自由行动的必要前提，萨特曾讲过的以"意识是对某物的意识"对自在存在所作的本体论证明，在此处被赋予了一个更广泛的意义：自由，就是在世界中的自由，就是改变的自由，改变的自由在其原始谋划中预设了它以行动所改变的自在存在是不依赖于我的存在和行动的独立存在。笔者认为，可以把萨特此处的论证概括为"行动的本体论证明"，即"一切行动都是对某物的行动"，这是对于"意识是对某物的意识"的本体论证明的进一步深化。既然作为行动对象的给定物有其自在存在的一面，那么自由谋划就是在一个抵抗的世界中通过战胜抵抗而有所作为的谋划。因此，一切自由行动的谋划都出于对世界事物的自立性的理解而为某种不可预测的抵抗和变化留出了余地。总之，我与周围的关系是，"我绝对是自由的并对我的处境负责，但同时，我永远只在处境中才是自由的"。

我在一个受到我的邻人纠缠的世界中生活，这不仅是说我能在道路的拐弯处碰到他人，而且是说我介入到一个世界中，这个世界的工具性复合体能够拥有一种并非我的自由谋划所首先给予它们的意义。人们共同使用的交通工具、各种告示牌、商品使用说明书等都表示出别人对我的行动的指示，它们在我使之产生于事物中的敌对系数之外又加上了一种人类特有的敌对系数。他人的存在给我的自由带来了一种事实上的限制，由于他人的涌现，一些我未曾选择的存在方式被强加于我。这就是我的为他存在，我永远不能亲历地领会这种我外在地具有的意义，这是被他人把握的我的存在的一维，只能由他人用语言向我指明。比如，有人说我是平庸的，那么我常常是通过对他人的直观把握到平庸的性质，然后才能把"平庸"这个字眼应用于我自己。正是这种使自为存在与为他存在这两个存在维度不能同一化的差异是大部分道德意识混乱的起源，它使人难以用他人的观点来评判自己，因而导致对他人和对自己分别采用两个不同的衡量标准。总之，由于有他人的存在，我就在一种我不能消除其异化的一维的处境中存在。斯宾诺莎认为，思想只能被思想所限制，萨特则说，自由只能被自由所限制。在自为存在的层面上，只有我的自由才能限制我的自由，在为他存在的层面上，我的自由也在他人的自由的存在中发现了它的限制。前者是自由的内在有限性，后者是自由的外在有限性。作为面对他人来到世界上的自由，就是作为可异化的东西来到世界上，一切被异化的东西原则上都只能为他地存在。他人的自由把限制赋予我的处境，但是，只有在我自由地承担起我的为他存在时并在我已选择的目的的光辉照耀下给予它一个意义时，我才能体验到这些限制。不过，要求自己是自由的自由只能同时要求自己的为他存在，无论采取什么方式，我都不能不承担我的为他存在。总之，他人的自由和我的为他存在作为限制的处境同样具有悖论的性质：它们限制了我的自由，然而除了我的自由给予它们的意义之外，再没有别的意义。

最后萨特总结了"处境中的存在"（处境中的自由），这种处境中的存在规定了自为的特征，因为自为对其存在的方式负责但却不是它的存在的基础。处境就是通过向着一个自由设置的目的超越自在的给定物和我自身的给定物而揭示出来的包围着我的工具性和敌对性的世界。处境既不是主观的也不是客观的，也可以说它既完全是主体也完全是事物，处境是以其超越性照亮了事物的主体，或是将其形象推至主体的事物。说穿了，处境就是现象，而萨特所谓"处境中的存在"其实就是"在世的存在"，它是包括了世界中的人和人的世界的综合统一的具体整体。正是由于自由以其目的把存在物组织成为工具性复合体，我才穿过一个联系的世界向着一个目的谋划我自己，我才不得不决定自己按照联系的法则去行动，这些法则和我使用它们的方式决定了我的企图的成功或失败。于是，自由就作为向着目的的自由谋划而被束缚在世界之中。

自由意味着承担责任

萨特从对自由与处境的关系的描述得出的本质结论就是，

"人，由于被判定是自由的，就把整个世界的重量担在他的肩上：他对作为存在方式的世界和他自身是负有责任的。我们是在'（对）是一个事件或者一个对象的不容置疑的作者（的）意识'这个平常的意义上采用'责任'这个词的。从这个意义上说，自为的责任是沉重的，因为他是那个通过他才使得有了一个世界的人；并且因为他也是那个使自己存在的人……"因此，企图抱怨是荒谬的，因为我所体验到的处境和我自己都是我自己自由选择和承担的，我对它们负有完全的责任。如果我被征调去参加一场战争，这场战争就是我的战争，我没有从中逃离，我便选择了它，如果我宁要战争而不要自杀或耻辱，那么我对这场战争就负有完全的责任。既然世界的所有事件和他人都只能作为诱因、机遇或实现我们的存在的手段而被揭示出来，那么，自为的责任就被扩展到作为有人居住的世界的整个世界。

通过对萨特的"处境中的自由"的详细论述可以使我们澄清一些对其思想的不准确的理解。例如，许多论者以传统唯心主义为模式把萨特的我思、意识、自为理解成与世界隔绝的封闭主体，进而把这种思想当作唯我论来批判。如果认真通读过《存在与虚无》大概就不会作出这种轻率的判断。恰恰是萨特为了驳斥唯我论而提出了三个本体论证明，即意识是对某物的意识，我通过对自己的为他存在的意识而感受到他人的存在，行动是对某物的行动。这三个证明完全不同于从认识论上对存在的感知性证明（贝克莱和休谟正是从这条思路上跌入唯我论和不可知论的），而是绕过感觉另辟蹊径，从意识和行动的存在逆溯到使它们得以存在的隐含的本体论前提，从而证明了自在存在和他人存在的。通过这三个证明萨特突破了把感觉与意识封闭于自我之内的主观唯心主义藩篱，达到了不依赖于我的意识和行动而独立存在的自在存在和他人，从而给予贝克莱与休谟的唯我论和不可知论以有力的甚至是毁灭性的打击。不过，萨特的第一个本体论证明仍然不是一点漏洞没有的，因为对于一个对象的意识总是或然的，它并不能保证我意识到的某物必然存在，幻想总是可能的。正是由于这个原因，萨特在他对他人存在的本体论证明中首先证明的是主体他人的存在，而不是对象他人的存在，因而远比他的第一个本体论证明严密得多。不过，人们在自由行动中遇到并企图加以改变的障碍或抵抗清楚地表明处境中有不依人们意识为转移的自在存在的一面，所以第三个本体论证明可以作为第一个证明的补充，从而使后者更为严密。

与此相联系，另一种常见的对萨特的误解是，认为他所说的自由是隔绝一切处境、天马行空式的孤立自由。造成这种误解和前一种误解的原因都是萨特在《存在主义是一种人道主义》的演说中所做的片面表述，这个责任首先应该由萨特自己来负。例如，萨特在这篇短文中曾说过："除掉人的宇宙外，人的主观性宇宙外，没有别的宇宙。"又说："存在先于本质……意思就是说首先有人，人碰上自己，在世界上涌现出来——然后才给自己下定义……在一开头人是什么都说不上的……这就是存在主义的第一原则。而且这也就是人们称作它的'主观性'所在。"还说："如果人不联系这些（处境的）限制而自由地决定自己和自己的存在，这些限制就是毫不足道的。"萨特的这些观点是对《存在与虚无》中详尽而全面的思想的某些方面的片面强调（有些甚至可能是以虚拟式或条件式说出的假设），萨特本人后来也否定了这篇讲演中的大部分观点。所谓"存在先于本质"，其根本含义是指人不是像被原因决定的结果那样被上帝、自在给定物、人的本性和他自己的过去所决定，人是自我选择、自我造就的。但这只是萨特观点的一个方面，而对另一方面，萨特在这篇讲演中很少提及。相反，他在

《存在与虚无》中多次指出，自在在本体论上先于自为而存在，人进行自由活动的处境中有自在的客观的一面，处境中的障碍和抵抗虽然是由于自由为达到自己的目的而超越处境时才使它们显现为障碍，但它们却不可能是自由为自己制造的障碍。而且它们也不是"毫不足道的"，萨特甚至认为它们会使人放弃某些具体选择，而处境的某些联系的法则和人使用它们的方式还可能决定人的企图的成败（只不过他认为即使失败人仍然是自由的）。他认为人是自我选择、自我造就的，但这并不意味着人是在处境之外、没有过去而凭空选择的，相反，人的选择都是从处境和过去出发，并对它们进行虚无化的否定才得以实现的，甚至自由谋划就是选择了接受世界的抵抗并通过战胜其抵抗而有所作为的谋划。因此萨特的自由是处境中的自由，自由对处境的关系是既分离又介入、既承担又超越的关系，没有自由，自在就无从显现为处境，没有处境，自由也失去了超越和利用的对象而无从显现自身。由此可以看出，萨特所要否定的不是自在和世界的存在，而是自在和世界对于自为和自由的决定作用，即物对人的决定论。在他看来，自在的惰性死物绝对不能像有意识的人那样反过来能动地把握人、驾驭人、奴役人（当然自在也不能机械因果性地决定人），人在物面前永远为主不为客，物在人面前永远为客不为主，人没有相对于物的为它存在的一维，人永远不能成为物的被动客体，而永远是自为的主体。只有人才是自由的和能动的，人的自由只能被自己和他人的自由能动地限制，自为只在另一个自为面前才可能成为为他存在的被动客体，但人作为自为仍可以反客为主，把他人变为客体，这是只能发生于人与他人之间的永无休止的能动的斗争。由此可见，萨特的个人自由也是受到他人自由的限制的。因此，我们既不能简单地把萨特的自由观看作主观唯心主义的唯我论和撇开一切处境与他人的孤立自由，但也要清醒地看到他在此处宣扬的仍然是一种只讲动机不顾结果、只讲行动不计成败、只讲个人自由不讲集团共同自由的抽象自由。

存在的精神分析法

在谈到自由与活动时萨特曾指出，要想理解人的任何具体活动的谋划，都必须逆溯到人的原始谋划，这就需要一种专门的现象学方法，萨特称之为存在的精神分析法。每人对自己和他人的活动都有一种自发的前本体论的理解（comprehension），这不是一种理智活动（intellection）。任何向着一个可能而对自我本身进行谋划的行动都是可理解的，这是因为，首先它提供了可以直接把握的理性内容，即这个行动所谋划的可能和它追求的目的，因而理解是从未来到现在；其次，从这些可能和目的可以一直追溯到最后的可能即原始谋划。因此，对每个行动的理解都有两个相反的方向，一个是通过逆溯的精神分析法从具体行动一直上溯到行动者的最后可能，另一个是通过一种综合的前进，从这种最后的可能一直重新下降到被考察的具体活动。这个最后的可能就是自为的原始谋划或基本选择，它是自为对自身的选择和对世界的揭示，是自为选择的与其自身的事实性和与世界的原始关系，这种原始关系就是自为的在世存在本身。

在萨特看来，个人是一个整体，在他的任何倾向或意图中，个体都被完整地表现出来，尽管在不同的角度下，我们在主体的每一个意图和行动中都应该发现一种超越了它本身的意义。例如，爱情与嫉妒不可能被还原为仅仅是占有一位女子的欲望，它们追求的是通过这位女子征服整个世界，这正是司汤达凝练出来的意义，并且恰恰由于这种凝练，司汤达描写的那类爱情才显现为在世存在的一种方式，即显现为自为通过这位特殊的女子与世界和自我本身的基本关系。具体谋划作为我的存在的整体表达了我在一些特殊环境中的原始选择，它只不过是我在这些环境中对整体的我自己的选择。存在的精神分析法就是企图分离出具体谋划中所包含的作为在世存在的个人秘密的这种基本意义。因此，我们要通过对一个主体的各种经验意图的比较，去找出对所有意图来说都是共同的基本谋划。归根结底，一个自为的原始谋划只能是追求存在的谋划，对存在的谋划显然是不可进一步还原的东西，因为人们不可能逆溯到高于存在，而在任何可观察到的经验意图中被表达的原始谋划都是对存在的谋划。然而，对存在的谋划并不先于经验的意图，它只在成千上万偶然的和经验的意图中获得象征性的表达，并且只在这些表现中存在。对存在的谋划就是对存在的欲望、对存在的欠缺，并且我们先天地知道自为所欠缺的存在就是自在。自为既是对一个自在的虚无化又是向着另一个自在的谋划，自为是在被虚无化的自在和被谋划的自在之间的虚无，前者是自为所逃避的偶然的荒谬的自在，而后者是自为所欲望的以自为本身为基础的自在，即自在—自为。它是一个想要成为自己的自在存在的基础的意识的理想，即宗教所说的上帝。人的实在的基本谋划的最高价值或终极意义就是要成为上帝的欲望。

然而，即使欲望的终极意义归根结底是成为上帝的谋划，萨特仍然认为欲望本身并不是由这个意义构成的，欲望总是从一些特殊的经验处境出发设置并追求一些特殊目的。对存在的欲望总是实现自身为对存在方式的欲望，而对存在方式的欲望又成为无数经验欲望的意义。因此，我们面对一个复杂的象征性结构，它至少有三个等级：第一，经验欲望；第二，具体的基本欲望，即个人，它是个人的存在方式；第三，对一般存在的欲望，它是一种抽象的赋予意义的结构，这种结构是在个人中的人的实在，是个人与他人共同的东西。这使我们能肯定有一种人的真理，而不是仅仅有一些不可比较的个体性。这三个等级的关系是，经验欲望是具体的基本欲望（个人）的象征化并从后者获得其意义。对存在的欲望（人的真理）在其抽象的纯粹性中是具体的基本欲望（个人）的真理或意义，但其自身却不作为实在而存在。反过来说，作为基本谋划的个人是人的真理的自由实现，而个人的基本谋划又存在于所有经验欲望中并通过后者被把握。在这三个等级中，人的真理能够通过一种本体论的现象学而被建立，经验欲望则是本义的心理学研究的对象，唯有对基本欲望或个人的研究是这两种方法都不能胜任的。因为，不可能先天地从本体论上决定在一个自由活动的完全不可预见性中显现的东西，而且，心理学只能提供一些对经验欲望的经验描述。而问题恰恰是要破译这些经验欲望所象征的意义。因此，这种研究只能根据存在的精神分析法的各种规则来进行。

存在的精神分析法的原则是，人是一个整体而不是一个集合，因此他在他的行为的最没有意义和最表面的东西中都完整地表达出自己，没有任何一种人的爱好、怪癖和活动不是揭示性的。

它的目标是破译人的诸经验行为，即把它们中的任何一个所包含的揭示置于光天化日之下并且把它们用概念固定下来。

它的出发点是经验，它的基础是人所具有的对个人的前本体论的和基本的理解。每人先天地掌握着经验行为的表露中所含有的揭示性价值的意义，只要加以帮助和指导就能把它们破译出来。真理不是偶然发现的，它先天地属于人的理解，并且主要的工作是一种解释学，即一种破译、固定和概念化。

它的方法是比较。因为，人的每个行为都以它的方式象征着应该置于光天化日之下的基本选择，但同时，人的任何行为都把这种选择掩盖在它的偶然特征和历史机遇之下，正是通过比较这些行为，我们使它们以所有不同的方式表达出来的唯一揭示显现出来。

它考察在世的人，从人的处境去研究人。它企图重新构成主体的生活，它使用所有能找到的客观材料：信、证据、私人日记、各种社会信息。它企图重构的东西是一个双体，而不只是一个纯粹的心理事件：童年的关键性事件和围绕这些事件的心理结晶。从这个观点看，任何一个个人历史事实都将同时被认作心理进化的因素和这种进化的象征。

由于每个人的经验欲望与其基本选择之间的象征关系体系各不相同，而且同一个人在不同时期由于其基本选择的改变也会导致他的象征体系随之发生变化，所以萨特认为应该完全放弃关于象征论的一般解释，因为根本无法建立一个普遍的象征体系。正确的做法是，分析者每一次都应该根据他所考察的特殊情况重新发现一个象征体系。因此，存在的精神分析法应该完全是灵活的，并且应该适应被考察的主体中每个可观察到的最微小变化，以便理解每个独特的个人和他的每个独特的瞬间。萨特曾运用这种存在的精神分析法出色地分析过福楼拜和波德莱尔等人。这种方法也是萨特后来在《辩证理性批判》中试图用来补充马克思主义的方法之一。

萨特的存在的精神分析法是从弗洛伊德的精神分析法得到启发，又融合了现象学方法和他自己的存在主义哲学思想而建立起来的，它与弗氏的方法相比有很多共同点，但也有重大的不同。比如，弗氏认为心理的不等于有意识的，因为还有潜意识的心理；而萨特则坚决否认潜意识的存在，认为这是自相矛盾的，他肯定心理与意识是同外延的，只是强调意识到不等于被认识。另外，萨特认为弗氏的性欲（libido）并不是原始的谋划，甚至认为它干脆是一个多余的抽象。

在萨特看来，没有不可还原的趣味和癖好，人的任何经验欲望都表达出个人把存在化归己有的基本选择。对这些经验欲望进行比较和分类是存在的精神分析法的任务。本体论对此爱莫能助，它只能为我们决定人的实在的终极目标和纠缠着它的最高价值，即每个人的实在都既是把它自己改造为自在—自为的直接谋划，同时也是把作为自在存在整体的世界划归己有的谋划。这就是说，自为为了消除自身的欠缺和存在的偶然性而追求实现自在与意识的统一综合，这种理想的存在就是被自为建立并同一于自为的自在，即自因的存在或上帝。人就是要成为上帝的存在，然而萨特同时认为，人要成为上帝的努力是注定要失败的，因为作为自在—自为统一的上帝的概念是自相矛盾的。如果世界的产生只是由于意识对自在的虚无化分离，那么自为与自在的合一将会取消使世界出现的那个否定，从而取消了世界。反过来说，假如意识不再与自在分离，它就不再是对存在的虚无化和否定，而成为一个自在，从而不再是一个意识了。这个否定性一旦消失，一切可能、认识、行动、世界也就随之消失了。总之，取消自为的世界不再是世界，变成自在的自为不再是意识，成为上帝的人不再是人。自在和自为注定要永久处于否定的紧张关系中，而不可能成为肯定的统一，这个自在与自为的整体化问题总是被指出又总是不可能实现。因此，人注定了永远不能满足于已有的一切，他总要不断地自我虚无化，设立新的欠缺和新的可能，永远处于追求中。这不是由于社会、历史或物质上的原因，而是由于存在的结构本身的本体论原因，即人的存在与人对目标的追求是同一的，停止追求就停止了存在。由于自在—自为统一的最高理想不能实现，萨特得出了悲观的结论：人永远不能超越不幸意识，因为这是他的本性，"人是一种无用的激情"。

不过，在笔者看来，承认人不能成为上帝，人的最高理想不能最终实现，大可不必悲观，恰恰相反，人能设置理想，不懈地追求理想，正是人能成为人的根源。其实，萨特本人后来也承认，他在《存在与虚无》中有关绝望的悲观论点是沿袭了克尔凯郭尔的老调儿，而他自己从来没有把绝望看作他自己的品质，相反，他认为虽然人不能实现成为上帝的绝对目的，但是希望却始终是人的行动的基本特征。尼采曾宣布上帝死了，陀思妥耶夫斯基也说，上帝死了，一切都是许可的。然而，这位死去的上帝只是异己的伦理学的上帝。假如作为人自己的理想价值的本体论的上帝（自在—自为）也在人心中死去，那么人本身也就死了，因为"人为了成为上帝而自我造就为人"。最高理想虽然不能达到，但又绝对不能没有，人正是在超越自己向着完美理想的永恒追求中实现了一些具体目标，这些实际目的只有在与绝对目的联系起来时才具有意义，这就如月亮对海洋所施的垂直吸引力产生了潮汐的水平运动一样。一旦人停止了对理想目标的追求和超越，人就一无所是，人就从一个不断自我否定的时间化超越过程萎缩成一个失去时间性的自我肯定的点，从自为变成一个自在、一个物，至多只是一只动物。

七、自为向自在整体化的存在哲学

萨特在《存在与虚无》的结论中分别从本体论和形而上学两个角度讨论了他的基本哲学立场。与传统本体论不同，萨特把他的本体论定义为"对于被看作整体的存在者的诸存在结构的阐明"。萨特又把形而上学定义为"对于存在者的实存提出疑问"，或者定义为"对于使作为具体而独特的整体的这个世界产生的诸个别过程的研究"。两者的关系是"形而上学对于本体论，犹如历史学对于社会学"。简单地说，本体论就是对在世存在整体的各种结构的描述，《存在与虚无》全书的内容几乎都是这种描述。而形而上学则要追究使在世存在整体产生的过程，正是由于自为的涌现使得在世存在整体产生，所以形而上学主要探究自为在自在中的起源问题。

由此可以看出，萨特的现象学本体论只研究意识已经产生以后它与存在的各种复杂关系，而把意识起源的问题留给了形而上学。并且，他认为，在本体论范围内自在只是僵死的、孤立的、固定的、非时间的存在物，而意识才是时间性的、能动的存在。这就是他后来反对自然辩证法而只承认历史辩证法的根源，然而他并不是独断地否认自然辩证法的可能，而只是说自然辩证法是形而上学的假说，他甚至设想运动可能是自在中的能动作用的萌芽，只不过这种假说既不能证实也不能证伪，它的作用就是为我们提供自在与自为在起源上统一的可能性。

在现象学本体论层面上，萨特承认自在与自为不是相互独立并列的二元，而是由自为通过一种内在关系与自在勾连而构成的一个整体。然而，在这个整体中，自为如果没有自在就只是一个抽象，但是自在本身为了存在并不需要自为，自为的"激情"仅仅使自在显现为现象，却并没有奠定自在的存在。因此，这种现象的整体只是自为对自在的单向联系的整体，自在仍然可以离开自为而独立存在，这个整体就仍然不是一个相互不可分割的完成的整体。真正不可分割的完成的整体应该被设想为，不仅自为对自在是不可分割的，而且自在对自为也是不可分割地联系着，也就是说，自在必须也从自为获得它的存在。因此，这种自在与自为相互不可分的整体只能在自因存在的形式下才可以设想。这个真正可以称为存在的整体的东西正是希腊人称为"大全"的整体，大全是由作为宇宙整体的"全"与围绕着它的虚无所构成的大整体。萨特借用这个大全的概念表示自在与自为统一的理想存在，也就是由自为奠基并同一于奠基它的自为的自在，即自因存在、上帝。正是由于我们具有对这个自因存在的前本体论的理解，我们才能提出自为对自在单向勾连的问题，正是由于自为去追求实现这个自因的存在，它才与自在发生关系并使后者显现为现象。然而，我们已看到由于这个自因存在的概念包含着矛盾，这自因的存在就是不可能实现的整体。世界、人、在世的人都只是企图去实现一个所欠缺的上帝，然而这又都是企图达到自因存在的尊严地位的流于失败的努力。这就是萨特在《存在与虚无》中得出的基本结论。

综上所述，萨特在其早期哲学的代表作《存在与虚无》中，以经他改造过的笛卡儿的我思（反思前的我思）为出发点，以胡塞尔的现象学为主要方法，以海德格尔的人的在世存在为根据，全面描述了包括自为对自在的关系和自为与为他的关系在内的存在者整体的各种存在结构，从而建立了他的现象学本体论。他对西方哲学史上各派哲学进行了分析、批判、吸收和超越，并且结合自己的创新，作出了一种独特的综合，从而确定了自己在本体论上的基本哲学立场。首先，他坚决肯定了自在存在对于自为存在的本体论优先性，肯定了自在的独立的实体存在和自为对自在的依存性，从这一点上说他倾向于唯物主义；同时，他又把所有的关系和能动性都赋予了自为，作为孤立和僵死的存在物的自在不能作用于自为，而只能由自为在对自在的认识中使自在显现为具有一些外在性关系的现象，并且通过自为对自在有目的的意向性活动把自在物组织成工具性的世界并改变了世界的面貌，从这一点上说他又对唯心主义作了某些让步。其次，他一方面认为自在与自为是性质截然相反的两类存在，另一方面又认为自为必然超出自身追求自在，但是永远不可能实现与自在的最终统一，这是自为不断追求但又永远不能完成的一个整体化过程。由此可见，萨特在本体论上的基本哲学立场很难套进古典哲学的分类框架中：如果把自在与自为完全隔绝就会陷入二元论，如果二者完全统一又成了绝对一元论，如果把自为归结于自在就是唯物主义，如果将自在归结于自为则是唯心主义，而这四种立场都不符合萨特哲学本体论的基本特征。因此，萨特的哲学既非纯粹的唯物主义也非纯粹的唯心主义，既非纯粹的二元论也非纯粹的一元论，甚至不是现象一元论，因为他承认自在和自为都有其超现象存在的一维。全面而准确地说，这是一种综合各方又不归结为任何一方的独特的哲学立场，笔者愿意称之为"自为向自在整体化的存在哲学"。此处的"向"字表示自为对自在的单向关系，而"化"字则表达了这种单向整体化运动尚未完成的动态性质。萨特哲学的这种立场典型地表现出他企图对唯物主义与唯心主义以及一元论与二元论进行分析、批判、吸收、超越，从而创造出一种新的存在哲学的综合体系的艰难尝试。

在自由与处境的关系问题上，萨特同样采取了对决定论和孤立自由论进行批判吸收的态度。他既反对处境对自由行动的因果决定作用，又反对完全脱离处境的幻想的自由，他使自为通过对处境的虚无化而摆脱了处境的决定作用，同时又使自为为了实现其自由设置的目的而反过来把处境变成行动的动因和工具与障碍的复合体，从而确定了他的既超脱又介入的"处境中的自由"的综合立场。在人与他人的关系上，萨特一方面承认他人对于每个人的为他存在和自我认识是必不可少的，另一方面又认为每个人的自为存在虽然企图把握其为他存在，但二者最终不可能获得统一，与此相应，每个人的自为主体与他人的自为主体也不可能最终成为统一的整体，而同样只能处于被瓦解的整体之中。这正是萨特关于自为对自在关系的基本哲学立场在为他存在中的扩展，可以称之为"自为与为他整体化的存在哲学"。它与"自为向自在整体化的存在哲学"的差别主要在于：自为与为他的关系是双向能动关系，而自为对自在的关系则是单向能动关系。因此，我们分别用了"与"和"向"两个不同的字眼，以便表达这种差别。

第 2 章

社会历史本体论

> 我们名之为自由的东西，就是文化秩序对于自然
> 秩序的不可还原性。
>
> ——萨特

1960 年 5 月，萨特继《存在与虚无》之后的又一部哲学巨著《辩证理性批判》第一卷由伽俐玛出版社正式出版。自从萨特的《存在与虚无》出版后，他关于个人自由的思想曾遭到来自马克思主义、天主教甚至一些存在主义者，如海德格尔、梅洛-庞蒂等人的批评，其中一个最重要的责难就是，萨特所讲的个人自由缺少社会历史一维，因而不能说明个人自由的微观谋划与宏观的集团实践和历史处境之间的相互关系。这种批评正好触到萨特的痛处，因为他的哲学抱负是要从在世存在的整体上把握人，所以，这个缺陷对他自己来说也是不可容忍的。实际上，这个缺陷正是他在第二次世界大战前甚至战争初期仅仅局限于个人狭小的私人生活圈子内的笔墨生涯在其哲学理论上的反映。理论向来只能解决理论家的生活向他提出的任务。正是战争、德国法西斯对法国的占领、参加抵抗运动的集团实践以及冷战时期的一系列复杂斗争才使得萨特面对血腥的历史

而从个人生活中解脱出来，开始思考集团、社会和历史，从而使他的哲学视野极大地开阔了，逐步实现了从自为对自在和人与他人的基本本体论和认识论向人与物和人与他人（们）的社会历史领域的本体论和认识论的转变，这一转变集中体现在《辩证理性批判》一书中。该书的出版使他得以对上述责难作出回应并使自己的体系更加完整圆满，同时该书也是他自20世纪50年代初重读马克思主义的主要著作并与共产党既合作又争论以来一系列思考的结果。自那时起，萨特就不断探索存在主义与马克思主义的关系，试图在哲学上把他自己的以对存在的理解为基础的方法与马克思的历史唯物主义综合起来，从而创造出一种被某些人称为"存在主义的马克思主义"的哲学体系。

一、《辩证理性批判》的宗旨

萨特在《辩证理性批判》的简短的序言中开宗明义地说明了写作此书的根本宗旨。首先，他提出了一个问题：今天我们是否有方法来构成一种结构的历史的人学呢？他的回答是，这样一种人学在马克思主义哲学的内部找到了它的位置。因此，他把马克思主义看作我们时代不可超越的哲学。不过，他仍然坚持认为存在的思想体系及其理解的方法是马克思主义中的一块飞地，正是马克思主义自己产生了它，同时又拒绝了它。

何谓辩证理性呢？萨特认为存在思想通过马克思主义的中介继承了黑格尔主义的两个要求：如果一种真理应该能够在人学中存在，那么它必须是生成的，并且必须使自身成为整体化。这个双重要求规定了这种存在与认识（或理解）的运动，自黑格尔以来人们称之为"辩证法"。在他看来，理性不是对我们思想的简单整理，而是认识与存在之间的某种关系，对一个理性主义者来说就是重新产生或构造出存在的秩序来。如果历史的整体化和整体化的真理之间的关系是在认识和存在中的一种双重运动，那么把这种变动不居的关系称作理性是正当的。萨特的目标是要确定自然科学中的实证主义的理性是否就是人们在人学的发展中所发现的理性。或者说人对人的认识和理解是否不仅包括一些特殊的方法而且还包括一种新的理性，即思想与其对象之间的一种新关系。换言之，即是否有一种辩证的理性。

事实上，历史和人种学的简单经验足以表明人类活动中存在着辩证的部分，而且，从 19 世纪初期以来辩证思想主要经过黑格尔已经意识到自身。这就是说，现在的问题不是去揭示辩证理性，而是要证明辩证理性的正当性。然而，一则经验自身只能奠定一些局部的和偶然的真理，因而不能奠定整体化的辩证理性的基础；二则萨特认为自从马克思以后，辩证思想对它的对象的关注已超过对自身的关心；而且康德为证明分析理性的正当性所提出的批判唯心主义的解决办法已经落在后面，因为在萨特看来，认识是存在的一种样式，而存在不能还原为被认识，所以不能像康德那样局限于分析理性的认识领域中来证明辩证理性的正当性。因此，由于我们还不曾确立辩证理性的正当性，人学仍然是经验主义的认识、实证主义的归纳和整体化的解释的混乱一团。为了奠定辩证理性的正当性，我们必须另辟蹊径。萨特明确表示："我们的意图将是批判，它将试图确定辩证理性的有效性和它的诸界限，这就回到标出这种理性与实证主义的分析理性之间的对立和联系。"总之，萨特对辩证理性的批判与康德的批判意图相同，都是为一种理性确定其有效性和范围或界限，然而对象却完全不同，一个是辩证理性，一个是分析理性，萨特的目标是做一个辩证理性的康德。

二、马克思主义与存在主义

在附于全书卷首的"方法问题"这一部分中，萨特首先阐述了马克思主义与存在主义的关系。他认为，统一的哲学是不存在的，它只不过是一种被实体化了的抽象。在历史上只有各种哲学，或说，在某种特定的历史情况下，只有一种哲学，人们永远不可能同时发现一种以上的有生命的哲学。正是某一种特定的活的哲学为特定社会的总运动提供表现形式并成为当代人文化的中心。这种哲学是上升的阶级借以获得自我意识的一种方式，同时它又是当代全部知识的整体化。哲学家的工作是依据某些指导性的模式把一切知识统一起来，而这些模式则表达了上升阶级对它的时代和世界所采取的态度和方法。当一种哲学还充满感染力的时候，从来不会表现为一个僵化的东西，或一个消极的、已经终结的知识的统一体。从社会运动中产生出来的哲学，其本身也是一种运动，而且关切着未来。任何一种哲学都是实践性的，即使那些似乎最玄妙的哲学也是如此。所以，只要产生和支撑一种哲学并被它所照明的实践还有生命，那么这种哲学仍然是有效的。并且，这种哲学将渐渐渗入群众，成为革命阶级的一种解放斗争的集体武器和共同语言。如果哲学应当同时是知识的整体化、方法、指导思想、进攻武器和共同语言，如果一个人的独特哲学观点变成了文化，甚至变成整个阶级的本性，那么"哲学创造"的时代是很少有的。萨特认为，在17世纪和20世纪之间只有三个这样的时代，即笛卡儿和洛克的时代、康德和黑格尔的时代、马克思的时代。这三种哲学依次成为某一种特殊思想的沃土和某一种文化的视野。当它们所表达的那个历史时期还没有被超越时，它们是不可能被超越的。在萨特看来，一种"反马克思主义"的论调无非是马克思主义以前的思想在表面上的返老还童。一种自命为对马克思主义的"超越"，说得最坏，不过是重弹马克思主义以前的老调；说得最好，也只是某种包含在人们认为已经被超越的哲学中的思想的重新发现而已。至于"修正主义"，要么是自明之理，要么是胡说八道。哲学与社会运动只是一个东西，只有历史运动本身，只有在人类活动的各个方面和各种水平上的人们的斗争，才能把一种被囚禁的思想解放出来，并使它得到充分的发展。萨特认为，那些在哲学创造之后出现的文化人，那些从事于整理已有的体系或用新的方法去征服尚未完全为人们所知的领域的文化人，那些给理论提供实践作用而用它来破坏什么和建设什么的人们，不宜称之为哲学家，他们仍然受着伟大的古人还活着的思想的哺育。萨特把这些人称为思想家，并且把存在主义看作一种寄生的思想体系，它生活在知识的边缘，起初它是与知识对立的，现在则企图把自身整合进知识之中。

萨特回顾了克尔凯郭尔通过肯定亲历的生活（vecu）的不可还原性和特殊性来反对黑格尔的"理智主义"（intellectualisme）。在克尔凯郭尔看来，实存的人不可能被一种观念体系所同化，自身的痛苦不是知识所能改变的，它逃脱了知识的掌握。"哲学家建筑了一座观念的宫殿，而自己却住在茅草房里。"克尔凯郭尔主张纯粹的个别的主观性，而反对本质的客观普遍性。这种逃离了知识和语言的主观性就是克尔凯郭尔名之为存在（existence）的东西。萨特认为，黑格尔有理由反对克尔凯郭尔，因为与其像那位丹麦的思想家那样坚持僵死而贫乏的、最后只归结为一种空洞的主观性的谬论，这位耶拿的哲学家宁可用他的概念去追求那个真正的具体，从而中介化的过程永远表现为丰富化的过程。而克尔凯郭尔也有理由反对黑格尔，因为人的痛苦、需要、激情、辛劳是一些原始的实在，它们不能被知识所超越和改变。比起黑格尔，克尔凯郭尔标志着向实在论前进了一步，因为他是第一个反对黑格尔又依据黑格尔而指出实在和知识二者不可通约的人，他首先坚持人的实在不能还原为思维以及这种实在对于知识的优先性这种观点。

萨特接着指出，马克思从完全不同的观点出发对黑格尔提出了类似的指责。在马克思看来，黑格尔把客观化与异化混淆起来了，而马克思认为，客观化本身可以是一种发展，它使得不断生产和再生产着生活的人，在改造自然中也改造自身的人，能够在他所创造的世界中观照自己。任何辩证法的把戏都不能使人摆脱异化，因为问题不在于概念的玩弄而在于现实的历史活动。既然异化是生产力和生产关系矛盾的结果，那么它就是一个历史的实在，而完全不能还原为观念。要使人们从这种异化中得到解放，要使人们的劳动成为他们自己的单纯客观化，只让意识思索自己是不够的，必须依靠物质性的劳动和革命的实践。马克思写道："我们判断一个人不能以他对自己的看法为根据，同样，我们判断这样一个变革时代也不能以它的意识为根据。"这样，马克思指出了行动（劳动和社会实践）对知识的在先性以及二者的异质性，他也肯定人的作为不能还原为认识，人必须亲历自己并生产自己。他把具体的人放在他的研究中心，这种人同时由他的需要、生存的物质条件和劳动的性质，即由他对物的关系和他与其他人斗争的性质而规定自己。这样看来，马克思有理由既反对克尔凯郭尔又反对黑格尔，因为他和克尔凯郭尔一样肯定了人的存在的特殊性，又和黑格尔一样在其客观的实在性中掌握了具体的人。萨特接着回顾了他个人思想发展的历程。他在大学期间就曾读过马克思的《资本论》和《德意志意识形态》，但并没有真正理解。因为所谓理解，就是改变自己和超越自己，但是这种阅读并没有改变他。相反，真正使他开始改变的却是马克思主义的实在，即正在亲历和实行马克思主义并作为马克思主义的化身和载体的无产阶级，它远远地对小资产阶级知识分子发挥出不可抗拒的吸引力，并且分解了他们头脑中的全部观念。萨特那一代知识分子经过反对资产阶级的乐观的人道主义和一元论的唯心主义，又扬弃了他们一度接受的分散多元的实在论和教条主义地理解的阶级斗争观念，同时经过半个世纪的全部血腥的历史、战争、法西斯的占领、抵抗运动以及以后许多年代里发生的事情，他们才愿意同工人阶级并肩进行斗争，并且终于理解了，所谓具体就是历史，而行动就是辩证法，于是他们发现了世界。

既然如此，为什么存在主义还要保持它的独立自主性呢？为什么它没有消融在马克思主义之中呢？萨特回答说，因为他深信，"历史唯物主义提供了对历史的唯一有效的解释，而存在主义则仍然是接近实在的唯一的具体道路"。他认为现代马克思主义，即当时苏联和法国共产党的马克思主义已经停滞了，它们把理论与实践分割开来，其结果是把实践变成一种无原则的经验主义，而把理论变成一种僵化的概念化的知识。与此相反，萨特认为活的马克思主义之所以富有成果，部分地是由于它那种接近经验的方式。人们相信，种种事实永远不是一些孤立的现象，它们总是由于内部联系而处于整体的高度统一之中。萨特赞扬马克思在研究拿破仑第三政变时采取了这种综合的精神，他在这些事变中看出了被分裂的同时又被它们的内部矛盾所产生的整体，他是在一个发展中的总系统的框架中研究某一特殊过程的。每一个事件除了它自身的特殊意义之外，还揭示了整体，它是整体的一个部分，它只有在整体内部才能重新找到它自身的真理。因此，活的马克思主义是启发性的，对于它的具体研究而言，它的指导原则和已有的知识表现为调节器那样的东西。在马克思那里，人们从来没有发现过僵死的实体，各种整体（例如《路易·波拿巴的雾月十八日》中的"小资产阶级"）都是活的，它们在研究的框架中自己规定自己。不这样看，人们就不能理解马克思主义注重形势分析的重要意义。

萨特指出，今天，社会经验和历史经验落在知识之外了。资产阶级的观念，如精神分析和美国的社会学，它们要么已经僵化要么没有理论基础；而现代某些教条主义的马克思主义虽有理论基础，虽然它把人类的全部生活都包罗进去，但再也什么都不知道了，它的目标不再是获得知识而是把自己先验地构成为绝对知识。在这种双重无知面前，存在主义却能获得新生，能够站得住，因为它重新肯定了人的实在。存在主义在凡是人所在的地方，在他的劳动中，在他的家里，在马路上，到处去寻找人。萨特不像克尔凯郭尔那样主张现实的人是不可认识的，他只是说这个现实的人还没有被认识，这是因为在现代，"历史创造了自己却不认识自己"。然而，萨特认为现代马克思主义的僵化不同于衰老，马克思主义的生命力远没有枯竭，它还年轻，几乎还在童年，它好像才刚刚开始发展。它仍然是我们时代的哲学，它是不可超越的，因为产生它的那些历史条件还没有被超越。存在主义思想只能在马克思主义的基础上进行具体研究，否则就会落空或后退。存在主义同马克思主义一样，对经验进行研究以便从中发现具体的综合，它只能在一种运动的、辩证的整体化之内考虑这些具体的综合，而这个整体化无非就是历史，或说"哲学的世界生成"。

萨特声称他无保留地同意马克思的历史唯物主义的公式："物质生活的生产方式一般地支配着社会生活、政治生活以及精神生活的发展。"他也同意恩格斯在给博尔吉乌斯的一封信中所表述的观点："并不像某些人为着简便起见而设想的那样是经济状况自动发生作用，而是人们自己创造着自己的历史，但是他们是在制约着他们的一定环境中，是在既有的现实关系的基础上进行创造的，在这些现实关系中……经济条件归根到底还是具有决定意义的，它构成一条贯穿于全部发展进程并唯一能使我们理解这个发展进程的红线。"但是萨特补充道，不能把经济关系设想为一个不变的社会的简单的静态结构，正是它们的矛盾成为历史的动力，而且不能在辩证运动（矛盾的、超越的、整体化的）的形式之外的其他形式下去设想这种制约关系。

最后，萨特同意马克思关于共产主义自由王国与物质生产的关系的论断。他认为，只要社会关系的变革和技术的进步还没有把人类从"匮乏"（rarete）的束缚中解放出来，马克思的命题就具有一种不可超越的明证性。马克思说："事实上，自由的领域，只是在由必要和外在目的规定要做的劳动终止的地方才开始；按照事物的性质，它存在于狭义物质生产的彼岸。"萨特说，一旦在物质生活生产的彼岸对所有的人都存在一种实在的自由的领域，只有在那时马克思主义才会完成其历史使命，而一种自由的哲学将取而代之。但是现在还没有任何手段、精神工具和具体经验可以使我们设想这种自由。

三、中介问题与辅助学科

萨特指出，应该把马克思主义基本原理的论断当作指导原则，而不是当成具体真理，不能教条主义地把所考察的历史事件、历史人物及其行动纳入一个预制的先验模式中。只有一种对历史对象的不带成见的考察才能确定，一个行动或一部著作是反映了由某种经济基础条件形成的集团或个人的上层建筑的动机呢，还是应该根据经济矛盾和物质利益的冲突来直接解释。例如，美国的南北战争就应该直接以经济冲突来说明，当时的人们自己就很清楚这一点。然而，对于法国大革命时期在1792年进行的革命战争却不能直接以法国与英国之间的商业竞争来说明，而应该通过具体的人们、性格、思想工具和革命的实际环境等一系列中介去解释它。同样，太快地把思想的清高性还原为阶级利益也是荒谬的，如果我们不了解1792年思想的客观实在性和它的效力，那么我们就会陷入马克思名之为经济主义的那种唯心主义之中。萨特指出："具体的马克思主义应当深入研究实在的人们，而不应当让他们洗一次硫酸澡而消融掉。"萨特反对形式主义用普遍性代替特殊性，把特殊性消融于普遍性，他认为这实际上是取消特殊性和多样性。他赞扬马克思在其研究工作中辩证地孕育出他对人的知识，逐渐地从最广泛的规定上升到最确切的规定，因而与教条主义的马克思主义者的虚假普遍性毫无共同之处。马克思把他的方法规定为"从抽象上升到具体"的研究，而具体乃是各种规定和各种实在的有层次的整体化。马克思说："如果我抛开构成人口的阶级，人口就是一个抽象。如果我不知道这些阶级所依据的因素，如雇佣劳动、资本等等，阶级又是一句空话。"不过，在萨特看来，如果我们不确定这些经济范畴是对例如19世纪中叶的英国人应用的，即对在一个工业化最发达的资本主义国家中生活着并创造着历史的那些现实的人应用的，那么这些经济范畴本身还是不够明确的。对于辩证法来说，人们、他们的对象化、他们的劳动，以及人与人的关系都是有着最具体的内容的东西。马克思主义的辩证法是一种双重的运动，即从这些最具体的实在的独特性中发现它们的一般规定性和基本结构，然后再回过头来以基本结构规定这个独特性。

　　然而，萨特指出，现代某些马克思主义者并不是按照马克思的方法去进行经验的具体研究的。他说："瓦莱里是一个小资产阶级的知识分子……但是，小资产阶级的知识分子并不都是瓦莱里。当代马克思主义的探索方法的缺陷就包含在这两句话中。"关于如何把握那种在一个阶级和一定历史时期的一定社会中产生个人及其产物的过程，公式化的马克思主义缺少一个各种中介的等级层次系统，具体地说，就是缺少精神分析学和美国微观社会学所揭示的一系列具体的中介因素。因此，当它规定瓦莱里是小资产阶级知识分子并规定他的作品是唯心主义的时候，只不过是发现了一种对所有小资产阶级知识分子都一样的抽象普遍性，而把特殊性当作简单的偶然性加以抛弃。然而，萨特在一个长长的注释中特意指出，法国马克思主义者昂利·勒斐伏尔在其《农村社会学的远景》一文中提出了一种简单而无可责难的方法，足以把社会学和历史学整合进唯物主义辩证法的透视之中。萨特相信这种方法的现象学描述环节和先逆溯后前进的双重运动在一切人学领域中都是有效的，只有这种方法才具有探索性并且能够揭示具体事实的独特性。萨特强调，必须在不背离马克思主义理论的原则的前提下发现各种中介因素，只有这些中介才能产生个别的具体的生活、特定时间中的实在的斗争以及从生产力和生产关系的一般矛盾出发的人物。

历时性的中介因素：精神分析学

首先，精神分析将从个人历史的纵的方面揭示出一些中介因素。萨特指出，由于有些人是经过转化才成为小资产阶级的，而有些人则生来便是，所以不可能是同样的小资产阶级分子。福楼拜之属于资产阶级是因为他出生于这个阶级，即出生于一个已经是资产阶级的家庭环境。他在自己的特殊的家庭中亲历了一些特殊的矛盾：在他对由母亲显露出来的贵族和宗教信仰的向往同作为新兴资产阶级知识分子的父亲的科学实证主义的反宗教态度之间的冲突，他对作为小资产阶级精英分子的哥哥（医学院的高才生）的憎恶，以及他通过父亲的尸体解剖室和夭折的妹妹所体验到的死亡，这一切都是福楼拜在儿童时期不自觉但又深刻地亲身经历过的。儿童时期培养出人的许多不可超越的偏见。他既生活在特殊性中，也生活在普遍性中，他是通过这个家庭的特殊矛盾而模模糊糊地接受他的阶级的教育的。萨特强调，只有精神分析才能在成人身上发现整个的人，即不但发现他现在的种种特征，也能发现他身上的历史的重荷。历史唯物主义不应拒绝精神分析，因为正是它所揭示的特殊中介因素才能使历史唯物主义从抽象的一般规定过渡到个别的个人的某些特征。精神分析可以确定一个儿童在某个社会内部的家庭关系中的生活方式，但它并不怀疑社会制度的优先性。正好相反，它的对象（一个儿童）取决于某个特殊的家庭，这个家庭是属于某个阶级的家庭结构的个别化。许多精神分析的研究成果都显示了18世纪与20世纪之间的法国家庭的进化，这种进化又以它的方式表现出生产关系的一般发展。因此，萨特相信存在主义可以整合精神分析的方法，因为它发现了人在其阶级中的插入点，即作为一般阶级与个人之间的中介的个别的家庭。家庭实际上是在历史的总运动中并由这个总运动所构成的，同时家庭又在童年的深处和不透明性中被亲历为一个绝对。

萨特强调，在一个辩证的整体化内部，精神分析不仅要返回各种客观结构和物质条件，而且要返回人们的不可超越的童年对成年生活的作用。因此，不应该把福楼拜的《包法利夫人》同政治—社会结构和小资产阶级的进化直接联系起来，而应当把这部作品同福楼拜透过他的童年而亲历的现在的现实联系起来。这样就必定导致一种时间的差距：这部作品同它出版的时代相比有一种滞后作用，这种滞后作用必然要把它出版时的一些意义同另一些表达了已被超越的不久前的社会状况（作者童年的社会状况）的意义联系起来。只有这种总是被马克思主义者所忽视的滞后作用才能说明真正的社会现实，在这种现实中，当代的种种事件、产物和行动都具有它们的时间性深度的异常多样的特征。正是由于这种滞后作用，即由于福楼拜落后于他写作《包法利夫人》的时代，所以他反而显得超前于这个时代。因此，《包法利夫人》的客观意义首先并不是被它出版的时代所制约，而是两种东西折中的结果：一方面是主人公从她自己的历史出发所要求的东西，另一方面是作者根据自己的历史向主人公提供的东西。这就是说，这个客观意义实现了两个过去的时代的矛盾的综合。然而书一旦出版，读者们就在新的透视中利用它作为一种武器去反对一个阶级或一个社会制度了。读者们把福楼拜的小说看作谴责现实的现实主义作品，却对其中的美学神秘主义视而不见。精神分析所提供的家庭与过去的童年生活的环节可以作为个人具体活动与其阶级、社会的一般规定之间的历史性中介因素而被整合进历史整体化运动的纵向统一之中。

共时性的中介因素：社会学

除了历时性的中介因素之外，萨特还进一步谈到共时性的中介因素。在生产关系和政治—社会结构的层面上，个别的人又被各种人与人的关系所制约。例如，生产团体、居住团体、文化团体以及各种集体，它们都是一些具有相对独立性的并且插入个人与他的阶级的一般利益之间的中介因素。美国的微观社会学就是以这些团体以及其他类型的人与人的关系作为研究对象的。然而，在萨特看来，这种社会学研究的原则是一种伪装着的唯心主义。例如在莱温那里，既肯定了一种本体论的独立自主性，即把各种团体看作给定的完成的整体；同时又主张一种方法论的独立自主性，即只研究现成的整体和一个整体的各部分之间的结构功能关系，也就是说，孤立地研究勒斐伏尔在《农村社会学的远景》中所说的"横的复杂性"的东西，然而却既不研究个人的历史也不研究团体的历史。最后，莱温还主张一种考察者与被考察团体之间的相互独立自主性，即社会学家不处于团体内，即使进入团体之内，他也知道如何出乎其外，他只是实证地、客观地观察，而与这个团体没有存在上的更深刻的目的论关系。总之，社会学家用现成的整体代替辩证的整体化运动，这就意味着拒绝辩证法和历史，因为辩证法首先是正在形成中的统一体的实在运动，而不是对于一种已经完成的统一体的"功能"和"动态"的研究。萨特指出，社会学的这种从原则上忽略对过去的联系的超经验主义（hyperempirisme）的态度只能产生于一个历史相对较短的国家里。而且，研究"原始民族"的社会学事实上把自身建立在一种更深刻的关系的基础上，这种关系可能就是殖民主义。调查工作是一种人与人之间的生活关系，社会学家与他的对象形成相互联系的一对，每一方都受到另一方的解释，而且这一对的关系本身应当作为历史的一个环节而被译解。如果调查者完全被排斥在被调查团体之外，那么他将看不到团体的任何方面。

尽管美国的社会学有这样那样的缺陷，但是它的调查工作却仍然有着无可争议的价值。例如，卡尔迪纳尔对于马克萨斯群岛所作的调查的结果显示出：马克萨斯人由于饥荒的威胁而产生了尸体防腐和缺粮时吃人的风俗，而且由于妇女的匮乏（二百五十个男子只有一百个妇女）而产生了一妻多夫制和男子之间的同性恋。这种同性恋不只是一种性欲的满足，同时也是对妇女的一种报复。最后，这种事态在妇女中间引起一种真正的冷漠无情，而在父亲们中间则引起一种对孩子的高度温情，由此又产生了孩子的自由发展和早熟。这是一些不可还原的概念，因为它们把我们带向亲历的生活。美国的社会学家们从这里得出结论说，经济并不是完全具有决定性的。萨特对此反驳道，这话既不真也不假，因为辩证法并不是一种决定论。而且实际上，妇女的匮乏乃是一个真正的物质条件，这事实无论如何是经济的，因为经济正是以匮乏定义自身的，这是严格制约着一种需要的数量关系。而且正如列维-斯特劳斯在其《亲属的基本结构》中所指出的，妻子不仅是一个同床的伴侣，而且还是一个劳动者，一个生产力。因此，萨特认为，永远不应当向唯技术论的简单化让步，永远不应当把技术和工具看成唯一的决定一个特定历史背景中的社会关系的条件。除了传统和历史（勒斐伏尔在《农村社会学的远景》中所说的"纵的复杂性"）影响着劳动和需要的水平之外，还存在着别的一些物质条件（妇女的匮乏是其中之一）同技术和生活的实际水平处在一种循环的制约关系之中。这样，两性之间的数量关系对生产和上层建筑来说，具有与更可怕的饥荒和更简陋的工具同样的重要性。因此，谁也不能再指责马克思主义的解释是不完全"决定的"，事实上，只要用逆溯—前进的方法，同时考虑到物质条件的循环性和建立在这种物质条件基础上的人与人的关系的相互制约就足够了。在这样一种探究的形式下，社会学虽然没有理论基础，但它作为经验的辅助方法——调查、测验、统计等等——却是精确的。因此，它作为历史整体化的一个暂时的环节，揭示了具体的人和他们的物质生活条件之间、人与人的关系和生产关系之间、个人和各阶级（或其他团体）之间的一些新的中介因素，它们同样应当被整合进历史整体化的横向统一之中。

萨特总结道，马克思主义应当把作为辅助学科的精神分析学和微观社会学整合到自身中去，并且把它们所提供的经验材料作为中介环节重新纳入历史的整体化运动中。而不应把人类生活中的一切具体规定性当作偶然性加以抛弃，只保留抽象的普遍性。萨特表示，他反对哲学的唯心主义化和人的非人化，而主张把偶然性的部分缩小到最低限度，因此他不同意这种观点：拿破仑作为个人只是一个偶然现象，必然的乃是作为革命的清算者的军事独裁制度。萨特认为，这一个拿破仑是必然的，因为法国革命的发展同时形成了独裁的必要性和应当实行这种独裁的人物的全部人格，历史过程给波拿巴将军个人安排了权力和机会，使他能够——而且只使他一个人能够——加速这种清算。这里的问题不在于一种抽象的普遍性和不确定的处境，使得有许多波拿巴可能出现，问题在于一种具体的整体化：这个由实在的活生生的人们组成的实在的资产阶级应当清算这个革命，并且这个革命在波拿巴这个人物身上，自在自为地——既为那些资产者们又在他自己眼里——创造了它自身的清算者。因此，萨特认为，既不是要恢复非理性，也不是在第三条道路或唯心主义的人道主义的名义下抛弃马克思主义，而是应当把人恢复到马克思主义之内。在现代马克思主义哲学的中心有一块具体的人学的空场，萨特自告奋勇，要由他自己来把社会学和精神分析学的材料整合到马克思主义的知识中去，并且用他自己的存在主义方法和思想原则进行这种整合。这就是他将要谈到的前进—逆溯方法。

四、前进—逆溯方法

人通过实践的谋划创造历史

萨特声称他无保留地接受恩格斯在给约·布洛赫的信中所提出的论断："人们自己创造着他们的历史，但是在一个制约着他们的给定环境中进行创造的。"然而，萨特不同意以机械唯物主义的方式理解这句话，把人仅仅当作一个被经济条件决定的惰性对象。马克思曾在《资本论》第二版的跋中肯定过社会运动是一个自然史过程，而社会运动的规律决定人的意志、意识和意向；然而另一方面，马克思又在《关于费尔巴哈的提纲》中批评旧唯物主义只强调人是环境和教育的产物，而忘记了环境正是被人所改变的，而教育者本人是必须被教育成的，环境的改变和人的活动的一致，只能被看作是并合理地理解为革命的实践。萨特认为，马克思的思想是要把外部决定和人的实践不可分割地联系起来。因此应当从马克思思想的全部复杂性上来理解他，即在剥削的时代，人同时既是他自己的产物的产物，又是一个在任何情况下都不能被看作一个产物的历史主体。正是这个在实践运动中把握到的矛盾才能正确地说明前面恩格斯那句话的真正含义：人们是在先前的实际条件的基础上创造他们的历史的，但是，创造历史的是他们而不是先前的条件，否则他们就会是通过他们而支配社会世界的那些非人力量的简单传导物了。诚然，这些条件是存在的，而且就是它们，只是它们，能够对酝酿中的变革提供一个方向和一种物质的实在性，但是人们的实践运动超越了它们又保留了它们。

　　然而，萨特指出，我们创造了历史却在整体的客观结果中认不出我们行动的真正意义，这并不是因为我们没有创造它，而是因为别人也在创造它，历史是所有人的所有活动的特有的作品。人在创造历史时把自己客观化在历史中，又在其中把自己异化。不过萨特强调，人的异化能够改变行动的结果，但是不能改变它的深刻的实在。他反对把异化的人同一个物混为一谈，也反对把异化同支配着外在性制约作用的物理规律混为一谈。所谓被异化、被物化的人仍然是一个人。人的特点首先在于对一个处境的超越，这种超越又首先表现在需要中。需要就是把马克萨斯人缺少妇女这一团体结构的事实同作为婚姻制度

080

的一妻多夫制联系起来的东西。这种匮乏并不是一种单纯的欠缺，它既显示出一种社会处境又已经包含着超越这种处境的努力。最基本的行为应当同时从对现在制约着它的实在因素的关系上和对某个它试图使其产生的将来对象的关系上来规定自身，这就是萨特称之为"谋划"的东西。实践活动或谋划具有一种同时发生的双重关系：对现在的给定物来说，实践是否定性，不过它永远是否定之否定；对它所追求的将来对象来说，实践是肯定性，但这种肯定性是通向尚未存在的东西的。萨特认为，当马克思主义在考察资本过程的时候，使用的是一种同质的可以无限分割的连续统的笛卡儿理性主义的时间，但是描述这种作为一个社会发展的环节的普遍容器是一回事，而辩证地规定实在的时间性（人对其过去和未来的真实关系）则是另一回事。如果时间不是辩证的，也就是说，如果人们拒绝将来的作用，那么作为实在本身的运动的辩证法就会垮台。实际上，并不是人们和他们的活动存在于时间中，而是作为历史的具体特点的时间被人们在其原始时间化的基础上创造出来。当马克思主义在批判和摧毁资产阶级的"进步"概念时，它是猜到了真正的时间性的，因为资产阶级的"进步"概念必然意味着一个同质的介质以及一些可以确定出发点和到达点的位置的坐标。

实践的谋划在超越它所否定的现存的实在时，既保留了这个实在同时又揭示了这个实在。因此，认识是实践的一个环节，甚至是基本的环节，不过这种认识中丝毫没有绝对知识。实践的认识由那种在将产生的实在的名义下对被拒绝的实在的否定所规定，它仍然是它所照明的并与它一起消失的那个行动的俘虏。对一种处境的揭示是在改变这种处境的实践中并通过这种实践而实现的，行动在完成过程中向自己提供智慧之光。现实主义的认识论乃是一种把认识置于世界之中并在其否定性中规定认识的理论。

　　萨特承认，一方面，人是他的产物的产物，被人的劳动创造出来的一个社会的各种结构对每一个人规定了一个出发点的客观处境，所以人的真实性在于他的劳动和工资的性质。然而另一方面，人的真实性又是在他经常以他的实践超越这种真实性的情况下来规定他的。这种超越只能被设想为一个存在者对他的诸可能性的关系。说一个人是什么，即是说他能做什么，反之亦然。可能性的领域就是主体超越其客观处境而奔赴的目标，同时，这个领域也严格地依赖于社会和历史的实在。正是通过超越给定物趋向诸可能的领域并且实现所有可能性之中的一个，个人才客观化自己并参与了历史的创造。然而，各阶级的人们的收入水平制约着他们各不相同的可能性的领域，而且，一个可能的未来职业也受到社会需求和保持社会现状等条件的制约。反过来说，未来也规定着现在的实在中的个人。例如，一个学医的学生，他的家长必须有钱，那么这个未来的医生就把自己规定为中产阶级的一分子；同时，他又通过他的可能的未来职业而意识到他的阶级。至于一个没有具备那些必要条件的人，则医学变成他的缺乏，他的非人性，这就是相对贫困化。整个的人是通过对他不可能的许多可能性的总和，即通过一个被阻塞的未来而否定地规定自己的。社会对每个人表现为一种未来的远景，而且这个未来深入到每个人的心中，作为他的行动的一种真正的动力。马克思主义者既然承认和赞成巨大的社会主义计划化，就必须坚决摒弃机械唯物主义。对一个中国人来说，未来比现在更为真实。当一个人不去研究一个特定社会中的各种未来结构时，他必然暴露出对这个社会是毫无理解的。

　　萨特接着说明了"外在的内在化"和"内在的外在化"二者结合的必然性。事实上，实践就是通过内在化而从客观到客观的过渡；而谋划，作为向着另一个客观性而对这一个客观性的主观超越，展开于环境的客观条件和可能性领域的客观结构之间。谋划在其自身中表现出主观性与客观性的运动的统一，表现出活动的这些基本规定。因此，主观显现为客观过程的一个必要环节。支配着人与人的关系的那些物质条件，如果要变成实践的实际条件，那它们必须在特殊的处境中被人亲历到。购买力的缩小，如果劳动者没有在一种需要或者一种基于严酷经验的恐惧的形式下切肤之痛地感觉到它的话，那么它永远也不会激起一个请愿的行动；而通过亲历的体验，主观性又超出自身经由客观化而使自己从绝望中摆脱出来。因此，所谓外在的内在化就是，主观性在其自身中保留了它为了趋向一个新的客观性而否定和超越的客观性；所谓内在的外在化则是，这个新的客观性以其客观化的名义把谋划的内在性外在化为被客观化的主观性。直白地说，前者就是对处境的亲历，后者就是谋划的实现。通过实现，行动的被谋划的意义出现在世界中以便从整体化的过程中获得它的真理。萨特强调指出，这个客观化了的主观性的客观真理应当被看作唯一的主观真理。既然主观性之所以存在只是为了客观化自身，那么，只有根据客观化即根据实现，人们才能在它自身之中并在世界之中对主观性加以判断。因此，行动不能根据意向判断自身，而只能根据结果来判断。当然，在异化的世界中，一个历史主体永远不能在他的行动中完全认出自己，历史主体所做的一切都无非是否定异化然后又重新落入一个异化的世界之中。但是，作为客观化结果的异化与出发点的异化不是同一个东西，这是一种规定着个人的从一个异化到另一个异化的过渡。

萨特由以上论述得出结论：只有作为两个客观性环节之间的中介的谋划才能说明历史，即说明人的创造性。因此，我们必须抉择：要么把一切还原为同一性（这就是用机械唯物主义代替辩证法的唯物主义），要么把辩证法当作一种强加于宇宙的天上的规律，当作一种它自己会产生历史过程的形而上学力量（这就是重新落入黑格尔唯心主义），要么把凭借劳动和行动的超越能力归还给个别的人。萨特认为只有最后一种解决才能把整体化的运动奠定在实在之中。辩证法应当在人们同自然界、同各种出发点的条件的关系之中和人与人的关系之中去寻找。在这里，辩证法会找到各个谋划彼此冲突的合成结果的源泉。只有人的谋划的诸特征才能使我们理解，这个结果乃是一种具有其自身意义的新的实在，而并非简单地是一个平均数。萨特认为如果把对抗力量的结果看作一些平均数，那么就不可能理解资本或殖民主义之类的一般过程如何出现。在萨特看来，许多个人并不像许多分子那样互相碰撞，而是在一定条件和分歧或对立的利益的基础上，每人都理解并超越他人的谋划。由于这些超越和对超越的超越，一个社会对象才能构成自身，这个社会对象或许是一个具有意义的实在，或许是个人不能在其中完全认出自己的某种东西，即一个没有作者的人工作品。而许多统计学家所设想的平均数事实上不仅取消了作者，同时也取消了作品和它的人造性质。

我们超越的给定物中包括我们的童年

萨特指出，我们每时每刻所超越的给定物不仅仅是我们现在生存的物质条件，由于一切给定物都必须通过我们的亲历才能发挥作用，所以必然受到我们自己的童年的影响，童年也就成为我们要超越的给定物之一。我们的童年一方面是通过家庭集团而对我们的阶级和社会环境的模模糊糊的领会，另一方面又是我们企图从它摆脱出来的一种盲目的超越，因此它终于以性格的形式烙印在我们身上。超越就是保留，我们既不断超越我们的阶级，而阶级的实在又通过这种超越本身表现出来。例如，马尔萨斯主义在法国资产阶级的某些阶层中引发了一种显著的贪吝倾向。但是，人们如果把这种贪吝只看作经济上的马尔萨斯主义的简单结果，那么他们就没有看到具体的实在。因为，贪吝心是在一个人的儿童时期形成的，当他看到他的父亲为了逃避死亡而紧紧抓住财产时，这个孩子发现、超越并保留了他父亲对破产和死亡的忧虑，从而在死亡与财产之间实现了一个新的中介，这可能正是贪吝。诚然，父亲和家庭的这些不同的生活环节有一个共同的源泉，即通过法国的经济发展而把握到的生产关系，但是这些生活环节是通过各种具体方式被亲历到的。一个人和一个团体同生产关系这个唯一而复杂的源泉的关系是处于各种不同层面上的，而在孩子身上，这些环节互相结合，在同一个谋划的统一体中彼此改变，由此构成了一个新的实在。因此，应当在经济运动的基础上来研究这些具体的性格，但是不应该不看到它们的特殊性。只有这样，我们才能把握整体化。

萨特在这里强调了两个问题。一个是，我们把我们的童年亲历为将来，童年决定着即将到来的远景中的姿态与角色。我们的角色总是将来的，它们向每人表现为一些有待完成的任务，或者是想要避开的陷阱，或者是有待行使的权力等等。这些姿态和角色与改变它们的谋划不可分割地联系着，我们与过去的关系对我们表现为一种新的事业的逃避路线。谋划就是有方向的生活，它是过去与未来的统一，它既是我们的童年记忆中的将来，又是我们成年的合理选择中的童年。另一个问题是，一个人或团体的行动的多种意义层次的历史整体化的问题。一方面，具体实践活动有其自身的相对独立性，上层建筑的意义不能还原为下层基础的一般性；另一方面，具体实践及其特殊意义又包含着并象征着一般意义，而且历史的整体化运动把具体实践的从特殊到一般的多种意义层次统一起来。萨特指出，对人的辩证的认识，在黑格尔和马克思以后，要求一种新的合理性。只要思想保持它的运动，那么一切都是真理或真理的环节，甚至错误中也包含着某些实在的认识。错误就是死亡，我们现在的种种观念之所以错误，是因为它们已经在我们之前死亡了。由此可见，萨特的真理观不是认识与对象的简单符合，也不是有用即真理，他所理解的历史真理是与人的实践共生的对实践活动的谋划、理解和统一，是对历史整体化的整体化把握，它既是对实践和历史的认识又是使实践和历史得以可能的主观条件和联系环节，因而是与历史共同生存共同进展的实在历史因素。

谋划必须通过各种工具的可能性领域

萨特接着指出，谋划必须通过各种工具的可能性的领域。工具的种种特殊性质或多或少深刻地改变着谋划，决定着客观化。但是，工具本身是技术的某种发展的产物，归根结底则是生产力的产物。萨特首先举了一个文化方面的例子。他认为，一个意识形态上的谋划总有一个通过意识到处境的矛盾而企图改变基本处境的深刻目标。这种谋划从表达了阶级和条件的普遍性的一个独特冲突中产生，谋划企图超越这个冲突以便揭示冲突，揭示它以便向所有人显示它，显示它以便解决它。然而，在个人的简单揭示和向公众显示之间存在着一个文化工具和语言的有限的特定领域。个人存在于作为工具领域的文化和语言之中，为了显示他所揭示的东西，他就必须使用一些文化观念和语言形式。然而，这些观念和语词一方面显得太少，因为他自己独特的新思想不能在其中找到适当的表达形式；它们另一方面又显得太多，因为每个语词都具有整个时代赋予它的意义，所以每个思想家所说出的总是比他想说的更多，时代偷走了他的思想，被表达出来的思想总是一种歪曲。例如，沙德男爵的著名的性虐狂实质上是一种为了在暴力中恢复他的贵族军人的权力的盲目努力，但是却借助于当时资产阶级启蒙思想的自然、革命、自由、普遍性、平等、理性等概念工具表达出来。他把启蒙思想所谓善良的自然变成了屠杀和虐待的弱肉强食的自然，把自由变成了杀人的自由，把人与人的平等沟通变成了刽子手与被害者之间的关系，同时，他的本该直接谈到流血的贵族特权思想也被歪曲为需要用"自然"来加以理性论证的启蒙思想的畸形物。因此，沙德的思想既不是贵族的思想也不是资产阶级的思想，而是被凭空抓到的和被革命者的普遍主义思想所改变的一个孤独者的要求，这是一个被他的阶级所放逐的贵族所亲历的希望，这个贵族只找到上升阶级的占支配地位的概念来表达自己的思想，他歪曲了这些概念而加以利用，又通过这些概念而歪曲了自己。因为，凡是工具总会把使用它的人异化并改变他的行动的意义，所以，应当把观念看作具体的人的客观化和异化，观念本身被外化在语言的物质性中。因此，必须从一个人的观念的全部发展中去研究它，首先发现它的主观意义和它的意向性，然后再去理解它的歪曲之处并达到它的客观实现。这样人们就会发现，大多数精神产品是一些很难在单一阶级的意识形态中确定其位置的复杂对象，它们在其结构中再生产着当代种种意识形态的矛盾和斗争，敌对阶级双方的意识形态相互渗透又相互冲突，共存于同一个思想体系之中，它最终由于某种缺陷和停滞而决定了自己的命运。

萨特又举了一个社会政治行动受到集体实践工具歪曲的例子。在法国大革命过程中的一个时期，由无套裤汉组成的半无产阶级的贫苦人民由于饥饿和物价飞涨而要求政府限制物价，而限制物价的新要求却显得似乎是与当时资产阶级所主张的自由竞争的革命原则相对立的一种过时的君主制度的实践。人民当时不可能想到物价腾贵的一般原因在于当时政府发行的指券制度，即由于资产阶级拒绝用税收来支付战争开支，他们还以为自己的苦难是反革命分子引起的。罗伯斯庇尔等人利用了人民的愤怒来支持他们的政治恐怖，然而很多人头落地后人民仍然饿着肚子，这些当权的资产阶级既不想也不可能改变制度，就只好实行自杀，直到热月政变，直到反动，直到波拿巴。这是一场黑暗中的搏斗。每个集团的原来的谋划和行动都被理论和实践的工具领域的客观限制、被过时的意义的残余、被新的意义的模棱两可性所歪曲了。萨特指出，在研究这个复杂的历史事件时，必须既避免把无套裤汉看作一个真正的无产阶级又不能否认一个萌芽状态中的无产阶级的存在，也不能只把一个集团即资产阶级看作唯一的历史主体。人们亲历的历史抵抗着任何先验的公式主义，已经完成的历史对我们来说仍然应当是一个完全的经验对象。因此，必须坚持历史事件的模棱两可性，这是一种还没有达到其成熟点的矛盾，应当以未来照明现在，以明显地发展了的矛盾照明萌芽状态的矛盾，并且把模棱两可的面貌留给现在以便使现在保持其亲历的差别性。

逆溯—前进方法

萨特指出，无论什么样的人和事件，直到现在都总是出现在匮乏的框架之中，即出现在一个还不能从它的需要和自然界解放出来，从而根据它的技术和工具规定自身的社会之中。匮乏与生产方式引起人与人的对抗，物与物的关系掩盖并制约人与人的关系，工具的种类和商品流通决定经济和社会的变化，没有这些原理就没有历史的合理性。然而，没有活生生的人们也就不会有历史。存在主义的对象就是在社会领域中的独特的人，是处于集体对象和其他一些独特的人们的环境中并处于阶级中的独特的人，就是由于劳动分工和剥削而被异化、物化、神秘化而又用歪曲的工具手段同异化进行斗争并慢慢获得一些进展的个人。辩证的整体化不仅应当包括经济范畴，而且应当把行动、欲望、劳动和需要以及主体和事件都包括到历史的总和之中。因此，这就要求运用一种探索性的方法，萨特把他的方法规定为既逆溯又前进、既分析又综合的方法。

萨特强调这种方法首先要求把人重新放到他的时代环境的一般框架中去考察。一方面，我们可以从一般历史学中了解到当代社会的结构、冲突、矛盾以及由此决定的总运动，它由直接生活的物质生产开始，而以市民社会、国家和意识形态完成。由此，我们一开始就有了一种整体化的认识。另一方面，我们对于作为对象的历史人物有某种零散的认识，即此人的传记，这是一种时间性的既成事实的序列。然而，这两种知识都还是抽象的，个人传记应当包含他的整个时代，而历史家所重新构成的时代也应当包含个人的传记，但是此时二者仍然互相落在对方之外，还没有结合起来。萨特的方法并不停止在这里，相反，它继续是探索性的，它将采取"一往一来"的方法，即在深入地研究时代之后逐渐地规定传记，又在深入地研究传记之后逐渐地规定时代。它远不是想立即把二者整合起来，而是先保持二者的分离，直到它们的相互包含自行发生并给研究作出暂时的结论为止。问题在于要有一个分析的和逆溯的环节以便首先尽量探索到对象的历史特殊性。萨特以福楼拜为例详细地说明了这个逆溯的方法。

福楼拜由于他的著名长篇小说《包法利夫人》而被奉为文学上的现实主义之父。他曾经说过："包法利夫人就是我。"他的这部奇特的作品泄露了他的自恋癖、依赖性、服从性，即他的女性的特点。毫无疑问，这是一种性别的转化。然而问题出现了：为什么作者能转化为妇女？谁应当是这个在其可能性的领域中具有把自己描绘成妇女的可能性的福楼拜？借用康德的话可以这样提问："在什么条件下，经验的女性化是可能的呢?"回答这个问题与作者的传记无关,我们可以通过对女主人公的现象学的研究来确定这种性别转化的意义,并通过对作品风格的研究破译出其隐秘的前提,即作者的世界观。一旦我们把握了这个在一种狂想的理想主义和一种冷酷的现实主义的形式下表现自己的福楼拜的实在性,我们就应该进入对他的传记的研究,去发现日常生活中的福楼拜。我们必须懂得,作为个人客观化的作品根源于生活,但是它比生活更完整。生活的完整规定性在自身之外,既在产生生活的条件之中,又在通过表现生活而完成生活和补充生活的艺术创作之中。因此,作品变成了照明传记的一种假设、引导线索和研究方法。然而,作品也向传记提问,并以传记作为对它提出的问题的答复。不过,传记所给予的答复是不完满的,因为艺术上的客观化不能还原为日常行为上的客观化,作品与生活之间仍然留有空隙。通过对传记的双重资料的研究,即关于福楼拜的家庭的客观证据,如阶级特征、家庭类型、个人面貌,和福楼拜关于他的父母、哥哥、妹妹等非常主观的叙述,我们可以逆溯到他的童年和他所亲历所拒绝的实在的家庭。一旦接触到他在童年模模糊糊地亲历一般生活条件和法国社会发展的方式,我们就达到了历史的整体化层面。此时我们要研究的就是历史时代和普遍性的条件:家庭资本主义的受压制的进展、地主的回来、制度的矛盾、一个还不太发展的无产阶级的贫困,等等。萨特相信,通过这种逆溯的步骤,我们就能揭示亲历的生活的深度。他强调指出:世界是人的,而人的深度就是世界,所以深度是通过人而来到世界的。对这种深度的探究是从绝对的具体即《包法利夫人》这部小说,下降到它的最抽象的条件,即生活的物质条件、生产力和生产关系的矛盾。但是,在研究工作的这个逆溯的阶段上,我们仅仅揭示了一个有许多异质意义的层次系统:《包法利夫人》、福楼拜的"女性"、他的童年、家庭的进化、财产的发展，等等。其中每一个照明下一个，但又不能还原为上一个，因而在它们之间有一种真正的间隔；每一个较抽象的层次作为包括上一个较具体的层次的框架，但是被包括者的意义比包括者的意义更为丰富。总之，我们目前只有一些辩证运动的痕迹，但还不是辩证运动本身。

萨特认为，只有到了这个时候，我们才应当把研究的方向颠倒过来从而采取前进的方法，这就是要重新发现从前一个环节出发产生后一个环节的从抽象上升到具体的那种整体化的丰富化运动，发现从被亲历的暧昧性出发达到最后的客观化的那种跃进，总而言之，要发现福楼拜的谋划。他正是通过这个谋划逃避小资产阶级，穿过各种可能性的领域，投向他自己的被异化的客观化，并且不可抗拒地把自己构成为《包法利夫人》的作者，成为他拒绝成为的这个小资产阶级分子的。这个谋划有一个方向，人根据这个方向追求在世界中把自己生产为某种客观的整体。使福楼拜成为福楼拜的并不是抽象的写作选择，而是为了使自己如此显现在世界上的以某种方式进行写作的选择，这是在当时的意识形态框架中的一种独特的意义，他把这种意义作为对他的原始条件的否定和对他的诸矛盾的客观解决而加于文学。为了发现这个"摆脱而向……"的方向，我们需要借助的恰好就是刚才通过逆溯分析所破译的那些作为这个方向的痕迹的赋予意义的层次，它们组成了一个与逆溯方向相反的系列：从物质的和社会的条件一直到作品。在前进的阶段上，问题是要发现从客观性到客观性的趋赴，发现以后一个意义超越以前一个意义而又把以后的意义保持在前一个意义的框架中的那种进展的规律。应当重新发明一种超越性的运动，只有这种假设才有价值，它将在一个创造性的运动中实现一切异质结构的横的统一。

萨特把存在主义的研究方法总括为一种逆溯—前进和分

析—综合的方法，同时这也是在对象（它包含着作为许多层次化意义的整个时代）和时代（它在其整体化中包含着对象）之间的不断丰富的"一往一来"。事实上，一旦对象在其深度和独特性中被重新发现之后，它就不再处于整体化之外，它直接进入与整体化的矛盾，时代与对象的惰性的简单并列就立刻被一种活生生的冲突所取代了。就福楼拜而言，我们不应当懒惰地把他当作一个现实主义者并把《包法利夫人》简单地看作一部现实主义小说，而应当经过长期艰苦的研究去指出作者在《包法利夫人》中的主观性的客观化和它的异化。福楼拜讨厌现实主义，他多次自白，他只爱艺术的绝对纯洁性。然而，为什么当时的公众把他看作一个现实主义者呢？为什么公众把这部作者客观化于其中的古怪作品看作现实主义的文学杰作呢？时代给福楼拜造成的成功把他的作品偷走，使他的客观化被异化了。但是同时，他的作品以一种新的光辉照明了时代，它向历史提出了一个新的问题：要求这本书并在被误读的这本书中发现其自身的形象的这个时代到底是一个什么样的时代呢？在这里，人们遇到了历史活动的真正环节即萨特名之为"误会"的环节。一旦人们能说明历史如何超越这个矛盾，人和他的时代就将被整合进辩证法的整体化之中。

谋划的目的论结构与理解的方法

最后，萨特指出，人是以他的谋划规定自己的。作为物质性存在的人不断超越他的既成的条件，他通过超越他的处境而揭示和规定他的处境，以便以劳动、行动或姿态使自己客观化。谋划是人的固有结构，需要、激情、意志、思想都参加进这个结构之中，这是通过劳动和实践不断进行的自我生产，它总是超出自身之外而向着……的。这种谋划或超越萨特名之为"存在"。由于这种向客观化的跃进根据每个人的情况而采取不同的形式，并且在人们通过各种可能性的领域而投射自己时实现了某些可能性而排除了另一些可能性，所以萨特也称之为选择或自由。萨特反对机械论把实践、创造、发明还原为人们生活的给定因素的再生产，他认为，如果把作品、行动、态度用那些制约它们的因素来解释，把变化还原为同一性，这就重新落到科学决定论的层面上去了。萨特认为，辩证方法与此相反，它拒绝还原，它进行的步骤是相反的，它既超越又保留，但是那些被超越的矛盾的界限并不能说明超越本身，也不能说明后来的综合，倒是后来的综合才能照明这些界限并使人理解这些界限。正是个人的作品或行动向我们揭示了它的条件的秘密。福楼拜通过他的写作的选择向我们揭示了他在童年对死亡的恐怖感，而不是相反。把一个对象的意义还原为这个对象本身的纯粹惰性的物质性，如同从事实推演出权利一样荒谬。一个行为的意义和价值只有通过在揭示给定物时实现可能性的那种运动的展望才能被把握到。人是一个赋予意义的存在，人们如果不超越纯粹的现在而根据未来解释现在，那就永远一点也不能理解他的姿态。萨特言简意赅地道出他所说的自由的真谛：“我们名之为自由的东西，就是文化秩序对于自然秩序的不可还原性。”

与前进—逆溯方法紧密相关，萨特提出，要把握人的一个行为的意义，必须运用精神病医生和德国历史学家所谓的“理解”（comprehension）方法。理解不是一种特别的天赋或直觉的官能，这种认识仅仅是一种辩证的运动，它根据行动的出发点的条件并通过行动的最终意义来解释行动。因此，理解的运动既是前进的（向着客观结果）又是逆溯的（逆溯到原来的条件）。例如，我对一个同伴走向窗口的行动的理解，是根据他要去开窗子给我们透透凉风的意向而实现的。他的行动是一种综合前进的统一运动，它超越并统一了一连串的动作和我们两人所处的实践场地（作为一个路径学空间）。另一方面，理解又是逆溯的，我的同伴的行动并不是被气温所直接引起的，当我们专心于讨论时，我只把闷热感受为一种模糊的无名的不适，正是在他的行动及其意向中我才逆溯地看到我们不适的意义，这个行动本身才规定热度是不可忍受的。因此，我们对他人的理解永远不是静观的或思辨的，这只是我们的实践的一个环节，一种斗争之中或同谋之中的生活方式，一种把我们同他人联系起来的具体的人与人的关系。总之，所谓理解，无非就是我的实在的生活，即一种整体化运动，它把我的邻人、我自己以及环境集合在一种正在进行中的客观化的综合统一之中。

萨特指出，意义来自人和他的谋划，意义向我们揭示了人们和社会结构中的人与人的关系，而人们通过行动把握到的意义常常是一些目的。萨特认为，在人学领域中必须坚决抛弃否认这些意义的实证主义。实证主义认为自然科学应当从企图把人的特性强加于无生命对象的拟人论之中解放出来，这是合理的。但是，它通过类比把对拟人论的蔑视引进人学里，那就完全荒谬了。萨特深刻而无可辩驳地反问道："还有什么比在研究人的时候承认人有人的特性这种方法更正确、更严密呢？"对社会领域的简单考察就能使我们发现，对种种目的的关系是人们活动的一种永久结构，而且正是在这种关系上，实在的人们才能对各种行动、制度或经济组织作出评价。人们应当看到我们对他人的理解必然要根据目的来作出。一个人从远处注视一个工作着的人，前者不知道那个工作者在做什么，但他只要能够依靠对那人追求的结果的预见而把那人活动的一个个分开的环节统一起来，他就会豁然顿悟了。何况，为了斗争，为了战胜敌人，必须同时把握好几个系列的目的。如果某人同时既暴露又抛弃他的佯装的目的（向对方上眉弓打一个左直拳），那么他就会给予他的真正目的（迫使对方防守而趁机打他的胸部）一种伪装。别人所利用的双重或三重的目的系列也会像我们自己的目的那样严格地制约着我们的行动。因此，一个在实践生活中保持着目的论色盲症的实证主义者不可能活得很长久。诚然，在一个完全异化的世界里，那些明显表露的目的可能掩盖着一种进化或一种上升机制的深刻的必然性。然而，即使如此，目的作为一个人或一群人所亲历的谋划的意义，在黑格尔所说的"作为假象的那种假象具有一种实在性"的意义上，仍然是实在的。而且，一个目的会化为泡影的这种经常的可能性则标志着社会领域和种种异化方式的特征，但这种可能性并不取消目的的不可还原的结构。

萨特强调，无论在什么情况下，都应当在个人之中和个人生产他的生活并把自己客观化的活动中看到原始的辩证运动，否则就会抛弃辩证法。人与人像物理学上的分子那样互相碰撞所产生的平均数的结果是不能变成社会装置或社会过程的，而且，这个被动地形成的结果也不可能反过来把自己强加于人。相反，马克思指出，资本"作为被异化的独立的社会权力，作为一个对象和资本家的权力，通过这个对象的活动而与社会相对立"。萨特认为马克思清楚地懂得，同社会对立的资本仍然是一种社会力量，这一矛盾通过资本变成对象这一事实而得以解释。资本这个不是"社会的平均数"而相反是"反社会的实在"的对象，仅仅在它被资本家的实在的和积极的权力所支撑和支配的情况下才这样保持自身。资本的过程正是通过许多资本家的相互超越活动的复杂的异化的客观化而形成物质装置及其无情的运动。因此，应当在特定社会中清点一下相应于一个人、一个集团或一个阶级自己固有的努力的那些活生生的目的，还应当清点一下作为我们活动的副产品的那些无人称的目的性，它们从我们的活动中获得它们的统一性并且终于变成了本质的东西，把它们的界限和规律强加在我们的活动上面。除了有人称的和无人称的目的性之外，还有物质条件的事实必然性，例如，事实是在意大利没有煤炭，这个国家在19世纪和20世纪的全部工业发展都取决于这个不可还原的给定条件。但是，马克思时常强调，地理的或别的条件只有在一定的社会框架内，按照它的社会结构、经济制度、已建立的机构，才能发挥作用。萨特认为，这就是说事实的必然性只有通过人的结构才能被把握。

萨特最后指出，一个想要理解社会世界的研究者必须考察一切，考察那些奇怪地混杂在一起的必然性和目的性，同时揭示那些支配着我们的反目的性。这个研究者愈是得心应手地运用一种哲学、一种观点、一种解释的和整体化的理论基础，他愈是必须把人的世界中的一切在一种绝对的经验主义的精神中加以研究，只有这样，他才既能理解各种对象的特殊性又能把握那种将它们整合起来的社会和历史的整体化运动。

五、人学的基础：存在与理解

萨特在"方法问题"的结论中全面概括了他的存在主义思想与作为结构的历史的人学的马克思主义之间的关系。首先，萨特提出了人与人学所包括的所有学科的总体之间的基本关系问题，即要为人学寻找一个基础。这正如胡塞尔对一般科学所提的问题，例如，古典力学把空间和时间作为同质而连续的介质加以应用，但是它对于时间、空间和运动却不再追问一下。萨特认为，关于人的种种科学只研究人的事实的发展和关系，而人却显现为各种事实（社会结构、集团结构、制度进化）在其中被构成的一种介质，人的科学并不对人本身再追问一下。其基本原因在于，它们的研究目的不是揭示人的实在而是构成规律并发现一些功能关系或过程。然而，当人学发展到某个阶段时，它觉察到自己原来不承认人（由于完全拒绝了拟人论）或者只把人作为预设的前提，于是，它隐含地要求知道什么是人的实在的存在，即要求为人学理论提供一个本体论的基础。在这个基础上，一个社会学家的共时性研究与一个历史学家的历时性研究的差别和对立在一种合理的人学中是可以被协调和整合的。因此，如果人学应当是一个组织起来的全体，那么它必须超越这个矛盾并把自身构成为结构的和历史的人学。但是，解决这个矛盾的关键不在于一种知识，而在于人的实在本身。假如人们能够确定人的本质，即一种诸规定性的固定总体，那么这种整合工作就会比较容易完成。然而，大部分学者都一致认为，从共时性观点看来的诸集团的差异和诸社会的历时性的进化使人们无法把人学建立在一种概念式的知识的基础之上。人们不可能在印度土著的缪里亚人与西方现代社会的个人之间找到一种共同的"人的本性"，然而，在某些处境中，却能够在不同的存在者之间（如人种学家和缪里亚人之间）建立起一种实在的沟通和相互的理解。正因为考虑到这两种相反的特征（没有共同人性，而沟通却总是可能的），所以人学的发展在一种新的形式下重新引发出存在的思想。

萨特的存在主义思想认为，由于人的实在是自我造就的，所以逃脱出直接知识之外。个人的诸规定性只出现在一个社会里，但是这些规定性本身是被个人的谋划所支撑、所内在化、所亲历的。这种个人谋划具有两个基本特点：一则，它在任何情况下都不能被概念所规定；二则，作为人的谋划，它却总是可以理解的。人的实在也就是主体的人及其独特的谋划与活动，它不可能被直接的概念式知识所认识，要想把握主体的人的创造性谋划与行动，只能用理解的方法通过人学的概念式知识的中介间接地逆溯到这些概念知识由之派生出来的人的实在即存在的谋划。这种逆溯的过程实现了从对象人向主体人的转化和直接认识向间接认识的理解的过渡，而这种对人的具体活动和人的实在的逆溯理解是一种完全合理的过程。

　　萨特根据以上观点，进一步说明了为什么他既宣布他的存在主义思想与马克思主义哲学的一致性，却又暂时保持存在主义思想的独立性。他认为，无可怀疑，马克思主义在当代显现为唯一可能既是历史的又是结构的人学。只有这种人学能在其整体中把握人，即从人的物质条件出发把握人。然而，萨特认为，在马克思主义思想运动的内部，出现了一种缺陷，即缺乏一种对人的实在的理解，却倾向于从研究中取消询问者（能动的主体的人），而把被询问者（对象的人）变成一种绝对知识的对象。事实上，马克思主义用以描述历史社会的种种概念，如剥削、异化、拜物教化、物化等等，正是最直接地指示着存在的结构的概念。比如劳动概念，即人对其生活的再生产，如果它的基本结构不是"谋—划"，那么它就丧失了任何意义。萨特声明，存在主义除了对那种确切地说不是马克思主义而是被人们从外面引进这个整体的哲学中去的机械论的决定论之外，不怀疑马克思主义的任何其他观点。存在主义也要从生产方式和生产关系出发把人定位于他的阶级和使他同其他阶级相对立的各种矛盾之中。不过，它试图从存在即理解出发作出这种定位。

　　萨特认为，由于教条主义的现代马克思主义的上述缺陷，所以它作为结构的和历史的人学还是不完整的，这就需要由他的存在主义思想来加以补充，补充的内容是对存在的理解、谋划、实践，也就是人的存在即作为主体的人本身。萨特明确地说，他把对人的理解和人的存在提供给马克思主义的结构的和历史的人学作为它的理论的实践基础。因为，人学的基础乃是人本身，他不是作为知识的对象，而是作为把知识当作他的实践的一个环节而产生出来的实践有机体。

萨特最后总结了他的存在主义思想与现代马克思主义的关系并对双方关系的未来进行了展望。他之所以现在要保持存在的研究的独立性，是因为某些马克思主义者（不是马克思主义）把知识建立在萨特称之为独断论的形而上学的自然辩证法之上而不是以对于活生生的人的理解为基础，还因为他们把存在主义努力将存在从知识中分离出来并在人学中将关于人的知识建立于人的存在之上的思想扣上非理性主义的帽子而排斥于人学知识体系之外，在这种情况下，存在主义则继续进行自己的独立研究。存在主义试图通过间接的认识（通过逆溯地指示各种存在结构的那些词句）照明马克思主义的知识的给定材料，并且在马克思主义的框架中产生一种真正的理解的认识，这种理解将在社会世界中重新发现人，并且在人的实践中即在把人从一种特定处境投向社会的各种可能性的谋划中去探求人。然而，一旦马克思主义的研究把人的维度（存在的谋划）作为人学知识的基础而加以采纳，存在主义就再也没有存在的理由了，它将被哲学的整体化运动所吸收、超越和保留，而不再是为了成为一切研究的基础而进行的一种特殊研究了。萨特自称他在"方法问题"中所提出的观点，就是旨在以存在主义方法的微薄力量来加速存在主义消解于马克思主义之中的那个时刻的到来。

六、辩证理性的性质与范围

《辩证理性批判》的正文是由"导言"开始的。在这篇重要的导言里，萨特详细地阐述了对辩证理性的界限、有效性和范围进行批判考察的理由、方式和主要结论，认真厘定了诸如辩证理性与分析理性、整体化与整体、知解与理解等一系列重要概念，提出了历史实在与历史认识的关系以及人与物和人与人的关系等基本问题。

　　萨特首先指出，《辩证理性批判》的正文的目的是为"方法问题"建立批判的基础。然而，实证主义并不同意辩证法的方法论原则，它把历史事件看作是许多外在的独立因素作用的结果，而不是像辩证法那样看作同一个过程的发展的统一，因此，实证主义反对解释的一元论。相反，辩证法则要在古典决定论的特殊领域之下发现这些领域与总体的联系，并且揭示一些局部的辩证过程是一种更深刻的整体化运动的表现。因此，我们必须把辩证法奠定为人学的普遍方法和普遍规律。辩证理性既不同于自然科学的分析理性又超越并整合了包括后者在内的一切类型的合理性，它既是历史的运动又是认识的运动。为了确立如此广大的整体的合法性，萨特认为，必须重新提出批判的任务，即考察辩证理性的界限、有效性和范围是什么。然而，单纯依靠实践的成功和经验观察的归纳显然永远不可能超出经验的偶然性，因此，必须先天地确立辩证理性的必然无疑的明证性。萨特此处所谓的"先天"（a priori）不是指某些先于经验的构成原则，而是指包含在所有经验中但又超出任何一个经验的一种普遍性和必然性。因此，萨特既不同于康德从知性先天形式中获得普遍必然性，也不同于胡塞尔在形式的纯粹意识中谈论必然无疑的明证性，萨特认为必须在历史的具体世界中发现必然无疑的经验。

　　众所周知，康德的唯心主义的批判通过保留本体与现象的二元论并且用知性的不变的先天形式统一感觉经验，从而在现象领域中保证了科学认识（分析理性）的可靠性和普遍必然性。在黑格尔那里，辩证认识的必然可靠性以存在、行动与知识的同一性为基础，存在的运动就是认识的过程，对他者（对象、世界、自然）的认识就是对自我的认识，反之亦然。因此，绝对经验主义同一于绝对必然性。而且黑格尔是从历史的终点开始的，在那里，整体化已经完成，真理已经是既定的，历史的发展要求哲学家作出这个最后的审判，以后再也不会有新的东西来把哲学家及其判决置于问题中。然而，马克思指出，物质存在不能还原为认识，实践在其全部实际效力中超出了认识，而且历史作为存在和认识都处在发展过程中，将来是新的，不能还原为现在。萨特声明，马克思的这种立场也是他自己的立场。然而，这一立场初看之下产生了一个新的困难，即如何保证存在与认识的同一性？如何把历史实在的运动与历史真理的运动整合为同一个运动？而且，在解决这个问题的同时还要避免重新落入康德的批判唯心主义的二元论和黑格尔的唯心主义绝对一元论。萨特认为："马克思通过既肯定存在对于思维的不可还原性，又相反把思维重新整合进作为某一类型的人类活动的实在之中，从而规定了他的本体论的一元论。"因此，在萨特看来，辩证理性是一种综合思维与存在的一元论，而且他还指出，鉴于历史是发展的，辩证理性在今天至少能够陈述某些整体化的真理，如果（当然）不是全部真理的话。萨特在"序言"中也曾说过，辩证理性是存在与认识之间的关系和运动，这种运动是作为进展中的历史和生成中的历史真理而永远进行着的整体化。他在该书中另一个地方还说过："辩证法恰恰是一种一元论，在其中各对立面向它显现为诸环节……"由此可见，萨特把辩证理性规定为历史存在与历史认识两个不同环节之间不断进行而永远不能最终完成的整体化运动，他把自己的这一基本哲学立场称为"辩证法的一元论"。

萨特认为，把辩证法先天地看作自然的基本规律，这是没有经过合法性论证的。因此，他认定自然辩证法是形而上学假说的对象，既不能证实也不能否定。反之，辩证理性是通过人的实践并在实践中被处于某一特定社会中及其特定发展阶段上的一些人所揭示和建立的，具体说就是，黑格尔和马克思在人对物的关系和人与人的关系中发现并且规定了辩证法。只是在后来，出于统一的愿望，人们才企图在自然史中重新找到人类历史的运动。因此，自然辩证法是把在实践中发现的辩证合理性作为无条件的规律投射到无机世界中去的，然后又从无机世界回到社会，并且声称自然规律在其非理性的不透明性之中制约着社会。萨特宣称：辩证理性必须被再一次颠倒过来。只在我们能看到它的地方即社会历史领域中把握它，而不在我们还无法把握它的地方即自然界中去梦想它。因此，必须建立辩证法的明证性的界限和有效性。萨特断言，只有一种历史唯物主义，它的法则是辩证法，而没有或者现在还没有从外面支配人类历史的辩证唯物主义。历史唯物主义是一种来自内部的唯物主义，创造它和承受它、亲历它和认识它都完全是一回事。因此，如果这种唯物主义存在，它只能在我们的社会世界的界限内具有真理性。从这种对辩证法的明证性和有效性的范围的基本界定出发，萨特进一步论述了奠定辩证法基础的条件，他认为，由于辩证理性是一个全体，因此它必须辩证地自己奠定自己的基础。

第一，萨特指出，由于独断论的辩证法的失败，作为合理性的辩证法必须在日常的直接经验中揭示自身，既作为各种事实的客观联系又作为认识和确定这种联系的方法。应当先天地奠定辩证法的普遍必然性，必须在历史的具体世界中发现我们的必然无疑的经验。第二，由于既承认存在不能还原为认识，又不能落入二元论，因此，作为历史发展法则的辩证法和作为对历史发展的运动中的认识的辩证法之间唯一可能的统一应当是一个辩证运动的统一。存在是对认识的否定，而认识则从它对存在的否定中获得它的存在。第三，马克思说："人们在先前条件的基础上创造历史。"萨特认为，如果这个论断是真的，那么它就最终明确地抛弃了把决定论和分析理性作为人类历史的方法和法则的看法。辩证合理性已经被全部包含在这句话里，它应当显现为必然性与自由的经常不断的辩证统一。如果辩证理性应当是历史的理性，那么这个矛盾必须被辩证地亲历：人被动承受辩证法是因为他主动创造它，人主动创造辩证法是因为他被动承受它。此外，统一的抽象的人不存在，只有一些完全被其社会和历史所规定的人们，如果我们不愿把辩证法重新变成神的法则和形而上学的宿命，那么它必须来自一些个人而不是来自某些超个人的集合体。我们必须说明它如何每时每刻实现个人的分散与集体的整合之间的矛盾统一。第四，就唯物主义的辩证法来说，从严格的认识论观点来看，思维必须在它的物质对象中发现它自己的必然性，同时思维又在它自身中发现它的对象的必然性。这在黑格尔的唯心主义中是可能的，但是，这在马克思主义的实在的物质世界中也应当同样是可能的。这必然把我们从思维推向活动，前者只是后者的一个环节。萨特强调，思维与实践活动具有物质存在的一维，因此，在唯物主义辩证法中同样能实现思维与存在的辩证统一。必须在具体的实在中证明，辩证方法与辩证运动是不可分离的，后者就是每人通过无机物质而建立的与所有他人的关系，以及每人通过自己与他人的关系而建立的与无机物质和自己的有机物质存在的关系。在一个不断进行的整体化中，人与他人相互超越并相互揭示，人与物也相互渗透并相互规定。第五，如果辩证法应当是一种理性而不是一种盲目的规律，那么它自身必须显现为一种不可超越的可知解性。同时，在本体论层面上，辩证法又显现为诸个人能在他们之间建立的唯一关系类型。因此，辩证法只能是许多整体化的个别活动所进行的具体整体化的那个总整体化。萨特称他的这种看法为辩证法的唯名论（在另一种意义上，这也是一种辩证法的唯实论）。

　　萨特从辩证理性的必然性与可知解性的联系以及必须在每

种情况中经验地揭示辩证理性的这种观点出发，又引申出几点看法。首先，任何人如果抱着分析理性的观点，并且停留在被考察对象外面，那么他永远不可能揭示辩证法。辩证法只向一个处于内在性中的观察者揭示自身。其次，辩证法是行动的活生生的逻辑，它在实践过程中揭示自身为实践的一个必然环节，它既在每个行动中重新创造自身，又成为行动照明自身的理论和实践方法。在行动过程中，个人把辩证法既揭示为合理性的透明性（因为个人创造了它）又揭示为绝对必然性（因为它逃离了个人，即因为他人也创造了它）。最后，个人的自主性由于被他人利用而成为异己力量，而他人的自主性也成为别人能强制他们的无情法则。然而，通过强制与自主的相互性，法则终于逃离了所有的人，在整体化的圆圈运动中，这个法则最终显现为辩证理性，它由于内在于每个人而外在于所有人，它是一切被整体化的整体化和一切被解体的整体的、没有整体化者的进展中的总整体化。

萨特再次强调，对人类历史唯一有效的解释就是历史唯物主义，然而，历史唯物主义还没有为辩证的合理性奠定基础。萨特说，他的任务既不是重建发展中的实际的历史，也不是对生产关系和阶级斗争进行社会学的具体研究，他的任务是批判，即在历史和人类社会发展的这个特定阶段，检验、批判、奠定这个既是历史思考自身的思想工具又是历史创造自身的实践工具的辩证理性。

七、辩证理性的可知解性

在"导言"的后半部分"对批判经验的批判"中，萨特主要想解决如下几个问题：通过什么特定的经验才能显露并证明辩证过程的实在性？为此需要什么工具？证据的有效性是什么？一言以蔽之，就是要确定批判的经验必须满足的各种抽象条件。

可知解性的出发点：个人的亲历经验

萨特认为，辩证理性的基本特征在于，它必须通过人具有的各种关系而被原始地把握到，因此，辩证理性必定在它的可知解性中将自身呈现给必然无疑的经验。在萨特看来，辩证理性的基本可知解性就是一个整体化的可知解性。如果辩证理性存在，那么在本体论上，它只能是进展中的整体化；在认识论上，它只能是一个认识对这个整体化的可穿透性，这个认识的方法步骤在原则上也是整体化的。因此，辩证的认识只能是整体化的一个环节，换言之，整体化必须在自身中包含它的反思的再整体化，作为在总体过程内的一个不可缺少的结构和一个整体化过程。在实践上这意味着，批判的经验能够而且必须是任何一个人的反思经验，只有生活在整体化的一个局部领域中的人才能把握使他与整体化运动连接起来的内在联系。

这样，批判的考察（批判的经验）应当建立在由规定考察者的人类关系出发的内在联系的基础上。各种社会历史范畴，如：异化、实践—惰性、群集、集团、阶级、历史事件、劳动、个人实践与共同实践，都是个人在内在性中已经亲历并且依然亲历着的东西。通过个人的爱情或家庭的联系以及友谊和生产关系，这些辩证联系得以显露自身。从这一点出发，考察者个人对他自己的生活的理解必然发展到否定个人生活的个别性规定，以便探求整个人类发展中的辩证可知解性，即试图确立历史的真理。从这个观点出发，批判考察的顺序就清楚地显现出来了：这个考察必须是逆溯的。与辩证方法的综合运动（从生产和生产关系到各集团的结构和冲突，再到环境，最后到个人）方向相反，批判考察首先从当下直接的东西出发，即从在其抽象实践中实现自身的个人出发，然后通过愈来愈深入的制约而重新发现他与诸他人的实践联系，由此进一步发现不同实践集合体的结构以及它们的矛盾和斗争，最后达到绝对的具体：具有一切丰富社会规定性的作为历史主体和历史产物的历史的人。这里清楚地表明萨特在《辩证理性批判》中关于个人的观点比在《存在与虚无》中有了重大的发展和深刻的变化。后者中所描述的个人及其在处境中的孤立行动和在两三人之间的私人生活现在已被看作不完整的抽象，而只有处于各种集体和集团之中并且被全部社会结构和历史深度所规定的作为历史产物和历史主体的人才是真正完整的绝对具体。

以上阐述的批判考察的顺序是以个人为方法论的出发点，然后渐次达到人类社会历史的整体。但是，这种考察仍然停留在共时性的层面上，而尚未涉及批判经验的历时性的维度。如果整体化被揭示为进展中的整体化，那么它必定正在生成，将要生成，并且已经生成。在历时性的层面上，个人仍然是方法论的出发点，他的短暂的生命最终要融入人类的多维时间总体中去。人类过去的文化既在我之内又在我之外存在，所有的知识都被内在性关系连接起来。我们的文化不应该被看作"在我的头脑中"的知识与方法的主观堆积，而应该被设想为在内在性中参与客观的文化。我被人类历史的整体化与被整体化的过去文化辩证地制约：作为文化的人（指任何人，无论具有什么文化，也无论是否文盲），我从千百年的历史出发整体化我自己；我又在我的文化中整体化这个历史经验。这意味着，我的生活本身有千百年的历史，因为我用以理解、改变和整体化我的特殊事业的各种模式已经从过去进入了现在。反思的批判重建了过去的实践，过去的实践也成为我们现在实践的历时深度。在对历史的方法论重建中，要利用历史事例来把握个人之间或集团之间的内在的形式联系，以及各种实践集合体的不同形式和相互关系的类型。萨特为自己提出的任务就是通过从过去选择出的最能说明这种基本相互关系的例子来对这种内在联系的形式作出批判的考察，而不是重写人类实在的历史。

可知解性的等级：知解与理解

这种批判经验的共时与历时的整体化，一方面足以确立一个我们处于其中的整体化运动的本体论领域的存在，另一方面也接触到辩证理性的可知解性的问题。萨特相信，如果辩证理性存在，那么整体化运动必须至少有权要求在一切地点和一切时间中都对我们的批判经验来说是可知解的。因此，萨特将一切时间化的辩证的明证性统称作"知解"（intellection），因为这些明证性应该能够整体化一切实践的实在。同时，他把对于一个人或一个集团的任何意向性实践的整体化把握称作"理解"（comprehension）。知解的范围最大，它是属概念，而理解则是知解之下的一个种概念。它们都是辩证经验把握辩证的整体化运动的认识工具。萨特在这里已经不像在《存在与虚无》和"方法问题"中那样把知解（理智）与理解看作两个并列的不同认识方法，而是看作属与种的关系。理解不限于对活动和劳动的把握，而且还适用于情感，因为情感也是实践的。概言之，凡是能追溯到一个实践有机体或一个集团的意向性的任何实践，即使这意向性没有被主体自己明确地意识到，都属于理解的范围，理解是实践对自身的半透明性，它既可以是实践在构成自身时所产生的对自身的照明，也可以在他人实践中重新发现自身。换言之，理解是对自身实践的理解或对他人实践的理解。理解不是非理性的神秘直观，比如同情（sympathie）等等。理解是实践的一个环节，对活动的理解被活动所产生，活动的目的论结构只能在一个谋划中把握自身，这个谋划由其目标和将来规定自身并且从将来回到现在以便照明这个否定被超

107

越的过去的现在。理解是整体化的，它把握对实践领域进行整体化的实践的时间化和被时间化的明证性。我也能够从他人的将来出发理解他人的现在。然而另一方面，辩证可知解性是由进展中的整体化的透明程度所规定的，实践主体只有处于这个整体化的内部才能时间化一种可知解的明证性。在历史的全部领域中，除了个人和集团的意向性实践之外，批判经验还将发现许多没有主体的活动、没有生产者的生产和没有整体化者的整体化，以及反目的性、异化的实践—惰性和分散个人的群集，这些群集产生了一些没有经过这些个人彼此协商并且每个人也在其中认不出自己的思想和活动。萨特认为，如果历史的真理是一，那么这些游离的无主体的活动就必须可以被整体化到进展中的历史中去，对于它们的整体化知解就必须是可能的。因此，知解除了对主体的实践进行理解外，还要从进展中的整体化出发去把握这些无主体活动的起源，和它们的非人性在历史中的根据，以及整体化人学对它们的可穿透性。知解必须看到，无主体的活动在一个辩证过程的统一中，在与实践本身的直接联系中，作为一个内在性的暂时外在性而涌现和消解。

正是根据知解的对象及其透明程度的不同，萨特把知解区分为第一级的知解和第二级的知解。第一级的知解是对辩证理性的时间化的整体化的把握，是实践主体对于统一他自身及其环境的多样性的实践的半透明性，在这种半透明性中，个人实践提供了完全可知解性的原型和规则。因此，第一级的知解就是理解。而第二级的知解则不是辩证理性的半透明性，也不是对完整的整体化的把握，而是借助于时间化的整体化的辩证模式而获得的对于整体化的一些局部环节的可知解性。正是在第二级的知解中，实证主义的分析理性找到了它的某种用场。哲学界流行的看法认为，知解是自然科学中分析理性的方法程序，而理解才是人文科学的方法。然而，萨特认为这种区分毫无意义，因为在自然科学本身之内根本就没有可知解性。分析理性为了揭示物理化学领域中诸分散环节外在性序列的必然性，使自身也成为一种适应物理化学法则的外在性的惰性系统，因此，分析理性本身不是整体化。然而，作为自然法则的纯粹普遍模式的分析理性仍然是辩证理性的一个特殊实践环节。科学思想既是分析的（由于它的对象内容和特殊方法）又是综合的（由于它的实践意向性：发明假说、设计实验、建立新知识）。理解数学证明或经验证据就是理解思想的方法步骤和方向。因此，正是辩证理性支撑、指导并不断重新创造出实证分析理性作为它与自然外在性的外在性关系，而分析理性只有在辩证理性之中才获得它的基础和可知解性。所以，分析理性只有第二级的可知解性，并且它只能适用于历史整体化中的一个局部环节，即人作为物质的实践有机体被外在宇宙所制约并且使自身成为有指导的惰性物质力量以便作用于惰性物质世界的领域，它被用来分析作为人的处境的外在自然的分散复多性，以及实践—惰性领域中人们的分散群集的复多性。然而，就全部历史整体化领域来说，辩证理性在理解历史事实上具有绝对的优越性，它可以揭示许多原则上逃离了一切实证主义的结构、关系和意义，并且它把实证分析的局部解释消解在它自己的整体化知解之中。而且，分析理性对新事实的解释是通过把新事实还原为旧事实而实现的，而辩证理性则是对不可还原的新事物的绝对可知解性。新奇性是通过人而来到世界中的，实践的主体通过将来要实现的整体而对现有实践领域进行重新组织，并且通过设计其新的外形和功能而产生新的工具。因此，新东西对于实践主体来说是直接可知解的，因为他的活动产生了它，还因为新东西已被他所设想的将来统一所超越所预定因而不再是真正新的东西了。总之，全部历史整体化运动的一切环节原则上都是可知解的，在情报资料充足完备的极限情况下，任何历史事件必定变成完全透明的。如果历史真理是一个整体，那么只有作为辩证理性认知工具的包括理解在内的知解才能完全把握辩证理性的历史运动。由此可以看出，萨特在社会历史领域的认识论上是一个彻底的可知论者，只不过他强调对实践主体的人的把握不是通过概念的知识，而是通过实践的理解。

批判考察的诸环节

　　萨特指出，在《辩证理性批判》全书中进行的对辩证理性的批判考察都奠基于个人生活与人类历史之间的本体论同一性以及二者之间的方法论相互性之上，并且，批判考察的每一环节都是对这种同一性和相互性的证明。如果这种本体论同一性和方法论相互性不能每一次都揭示自身为一个事实和一个必然的可知解的真理，那么辩证考察的链条就将中断。如果辩证法存在，那么我们必须把它作为整体化我们的整体化的不可避免的严格性而承受它，同时又在它的自由的实践自发性中将它把握为我们的整体化实践。在我们考察的每个阶段上，我们必须在综合运动的可知解的统一中重新发现必然性与自由之间不同形式的矛盾和不可分离的联系。如果我的生活通过深化自身而变成历史，那么这生活必须在它的自由发展的深层揭示自身为历史过程的严格必然性，然后它在更深层重新发现自身作为这个必然性的自由，最后又作为自由的必然性。这种自由→必然→必然的自由→自由的必然的递进恰恰相应于逆溯的批判考察的几个阶段：构成的辩证法（个人实践）→反辩证法（实践—惰性）→被构成的辩证法（集团实践）→无整体化者的总整体化（历史过程）。这种复杂的层叠和递进正是萨特所要阐明的自由与必然性以及个人与历史的矛盾统一关系。萨特由此认为，整体化者同时也总是被整体化者，逆溯的批判考察最终要在个人的自由实践的半透明性下面揭示出必然性的坚实地基。在实践中，人们被物质所中介，同时各物质领域也被人们所中介。在实践—惰性领域中，人们的分散群集的被动整体化之所以采取必然性的形式，是由于这种整体化必须通过劳动产物的外在惰性和群集本身分散的外在惰性而实现。因此，外在性成了整体化的永恒手段和深刻诱因，甚至可以说，外在性是历史的惰性动力。由此，必然性的问题把我们引导到了人学的基本问题：实践有机体与无机物质的关系问题，即人与物的关系问题。被我们组织起来的无机物质在我们的有机物质的历史中是从来不缺场的，无机物质是有出一个历史的被内化的外在性条件，这个基本条件提出一个绝对要求，即必须在可知解性的内部有一个历史的必然性，并且这个必然性不断地消解到实践的知解的运动之中。

　　萨特由此概述了《辩证理性批判》全书的主要内容与框架。他认为，如果历史是整体化，而诸个人的实践是整体化的时间化的唯一基础，那么只在每个人中重新发现进行中的整体化是不够的，批判的考察还要向我们揭示实践的复多性（人们或人类）如何在其分散中实现其内在化以及这个整体化过程的辩证必然性。这意味着，批判的考察必须小心地追溯着阿丽阿娜之线从个人实践出发曲折地达到各种形式的人类集合体。批判的考察还要通过具体历史的实在事例去探索群集、集团和阶级等各种集合体的结构、形成方式和相互转化。然而萨特声明，他并不是要对人类历史及其各环节的内容作具体的研究，而是要从历史实例中揭示出上述人类集合体的形成、结构、功能和相互转化的形式的辩证可知解性。他自称他对辩证理性的批判类似于康德，即试图为"任何未来人学导论"奠定基础。他要通过批判的考察先天地确立辩证方法应用于人的科学的启发性价值，并确立把人的事实重新置于进展中的整体化之中并从整体化出发理解人的事实的必然性。逆溯的批判考察必须确定个人实践的各种形式，它的异化的形式框架，以及促使共同实践构成的抽象环境。这三个环节也就是构成的辩证法、反辩证法和被构成的辩证法，它们是《辩证理性批判》第一卷的逆溯批判考察的三个环节和主要内容。

八、从个人实践到实践—惰性

在导言之后，萨特开始了对辩证理性的逆溯的批判考察，这种考察包括上述三个主要环节：个人实践即构成的辩证法、群集与实践—惰性即反辩证法、集团实践即被构成的辩证法，这三个环节分别相应于个人自由、必然性、克服必然性的共同自由。

构成的辩证法：个人实践与二三人关系

萨特首先提出，辩证经验的一个最重要的发现和贯彻始终的基本原则是一个辩证的循环：在物被人所中介的同等程度上，人被物所中介。他由此开始进行逆溯的批判考察的第一个最抽象的环节，即孤立个人的物质需要和劳动实践。他认为，全部历史辩证法都奠基于个人实践之上，因为个人实践已经是辩证的了。人的劳动实践由需要引起，需要是作为物质存在的人与物质自然界之间的最初的整体化关系，它是一个否定之否定，它既是有机体对无生命物质的欠缺，又是要通过满足来否定欠缺而保存自身的肯定性。有机体为了在物质自然界中保存自身免遭毁灭，就必须把自己的身体变成惰性的工具并且把别的惰性物体变成自己的工具，以便作用于周围环境的惰性物体。辩证的时间性是随着有机体而来到存在中的，实践首先是作为将来目的的有机体与受到威胁的现在有机体之间的关系，而作为超越性的谋划则只是内在性的外在化。人的劳动作为生产和再生产人的生活的原始实践是完全辩证的，辩证法是劳动的逻辑，即使仅仅抽象地考察孤立个人的劳动就立刻揭示出活动的辩证法。劳动的诸环节（目的、工具、劳动）是发展中的整体化的诸环节，劳动者个人的实践是辩证的整体化，并且在这个实践自身中包含着它自身的可知解性。尽管孤立的劳动者是逆溯考察在最表层的直接经验中碰到的第一个对象，但是却不能停止在这个最初环节上，否则它就变成虚假的和唯心主义的。一旦全部批判考察完成之后，我们就会清楚地看到，个人实践构成环境并且被环境所制约和异化，而且它是处于作为被构成的理性的历史之内的构成的理性。

逆溯考察在进入实践—惰性领域之前还要先阐明个人之间的直接关系。萨特认为，尽管历史在其整体中规定人际关系的内容，但是历史本身不能一般地使人的关系产生。他说："在历史创造人的同等程度上，人创造历史。"换言之，在人际关系是被承受并被制度规定的同等程度上，人际关系也总是人们超越被规定关系的活动的辩证结果。人的关系是历史的，历史的关系也是人的。通过逆溯考察的进展，萨特把孤立的个人进一步看作是通过劳动、利益、家庭关系等等而与一些他人联系起来，这些人又与另一些人联系起来，以至无穷。在二人关系中，每人都把对方变成实现自己目的的工具和对象并把对方整合进自己的整体化活动之中，反过来，每人也被对方变成对象并加以整合，同时每人的主观性也正是通过他人才能获得其客观存在。正是每个人实现谋划的实践决定了他与对方的相互超越和斗争的关系，然而这种斗争的根源并不在于每个意识追求另一个意识的死亡，而在于某种具体的敌对关系，其物质条件是匮乏。此外，二人关系的相互性必须通过第三者的中介才能实现，通过第三者的整体化和被加工的物质对象，相互关系才能统一为一个整体。相互性关系总是在工具和产品以及制度的惰性基础上显现出来：二人的双重实践在其共同产品中被客观化为一个对象的统一，同时两个工人的劳动成为一个作为第三者的监工的对象，双重的活动就变成了单一的事件。这种二人关系和三人关系是一切复杂的人与人关系的基础和基本结构，奴隶制的压迫关系和劳动契约的物化剥削关系都是由二人相互关系所建立和支撑的，而三人关系则是社会集团和等级制度的简单雏形。虽然这种把我们与每个人既联系起来又分离开来的模棱两可性足以说明我们与朋友、熟人、顾客、偶然相识者甚至同事的私人关系，但是却不能解释造成能动的集团、阶级、民族的有结构的关系，也不能解释制度或社会的复杂集合体。到此为止，逆溯的考察完成了对于作为构成的辩证法的个人自由实践和二三人直接关系的考察。在构成的辩证法中，个人自由实践把物质环境整体化为实践场地，而在作为反辩证法的实践—惰性的必然性领域中，物质环境则成为人与人关系的最初整体化。

反辩证法：实践—惰性与群集

在逆溯考察的第二个环节上，萨特指出，在实践—惰性领域中物质实现了人与人的最初统一，这是因为人已经用实践统一了物质，物质被动地支撑了这个统一。物的被动综合制约着人的整体化并且代表着历史性的物质条件和历史的被动的动力。因此，在批判考察的这一层面上，人的历史必然被亲历为非人的历史。这种人的实践与物质惰性的颠倒关系及其导致的最初异化具有它自身的辩证可知解性。萨特首先指出，在我们的历史中，诸个人的辩证实践与物质性之间存在着一种偶然的一般关系，这就是匮乏。他认为，匮乏奠定了人类历史的可能性，迄今为止的全部人类历史活动都是反抗匮乏的艰苦斗争。由于没有足够的自然产品和制成品供给所有的人，因此每人都把别人揭示为通过消费基本必需品而消灭他自己的物质可能性。社会在生产力和生产关系的原始关系的框架内为每个集团规定匮乏的界限，社会制度就是一个社会对其应死的多余者的分层的惰性的选择。这意味着，人性不存在，只要匮乏继续统治下去，在每人中就会有一个非人的惰性结构，即被内在化的物质否定。匮乏中的非人关系是任何社会中人与人的关系的一切物化的基本发源地，同时也是伦理学的最初阶段，即善恶二元论（摩尼教）的起源。在善恶二元论中，他人就是恶，就是反人，反人就是具有与我们相同的目的、手段和辩证结构但又以死威胁我们的人。因此，善恶二元论的伦理学要求是必须消灭恶。暴力是在匮乏的框架内和善恶二元论的支配下的人的活动的一个结构，而且暴力总是呈现为反暴力，即对他人暴力的反击。每人通过暴力所要实现的目标是消灭敌对者的自由实践，即那种能把每人自己排挤出实践场地并使他成为一个被判定去死的多余人的敌对力量。这里所说的暴力实质上是指在匮乏的条件下人与人的否定的相互关系，或说是人与人相互敌对的生产关系，而不一定使用屠杀或监禁等暴力手段。匮乏就是物质对人的否定以及由内化这个否定而产生的人对人的否定，这种匮乏是辩证可知解性的一个原则。因此，古代农村公社的解体和阶级的产生，无论其现实条件是什么，只有在匮乏的原始否定中才是可知解的。阶级分化的产生是由于一个社会所生产的产品总是比全体成员所必需的少一些，而非生产阶级的本质职能之一就是选择要消灭的多余人口。萨特认为，阶级斗争即一些阶级对另一些阶级的否定足以理解历史。然而，为了使历史的社会能通过阶级斗争而产生，作为人的实践的客观化的产品必须能作为一个独立的和敌对的实在反过来支配人。一切异化的基础是物质在自身中异化了加工它的劳动，它以其惰性吸收了人的劳动力并且反过来反对人。马克思阐明了资本出现的物质条件，作为社会力量的资本最终成为反社会力量而强加于诸个人。萨特自称要考察各种一般的辩证条件，这些条件产生了作为整个过程的一个环节的人与物的关系的颠倒，在此环节中，由于他人的实践和他自己作为他者的实践，人对物的统治必然导致被加工物质对人的统治。资本主义过程只是在这个复杂的辩证关系中异化的可能历史环节之一。

萨特举了两个例子来说明人的目的性实践通过在被加工物质中的客观化而导致异化的反目的性的结果。中国农民为了扩大耕地而不断砍伐森林，最后造成水土流失，淤塞河道，洪水泛滥，这个结果反过来毁灭了农民。同样，西班牙在 16 至 17 世纪中为了增加财富而大量进口并储存金银，结果却导致物价飞涨，实际工资的下降导致劳动者大量贫病而死，工商业的停滞引起资本家破产，最后是西班牙霸权和地中海世界的衰落。在这里，人的物化导致了物的人化，这种人的实践与惰性物质的被动统一就是实践—惰性。由于人与人的原子化的分散和个人的无力，使得人们不能通过组织成集团的共同协调实践来对抗社会经济过程。经济过程通过分散的人们的活动而变成物质的自发运动，它吸收了人的实践的统一能力和否定性并反过来成为物质对人们的愿望和实践的自发抵抗，因此，物化最终变成了异化，目的变成了反目的，实践变成了反对自身的反实践，个人的孤立实践由于其客观化而被他人的客观化的惰性力量以及所有人的分散活动的被动整体化的异己规律所支配。

萨特认为，在实践—惰性层面上，人通过把意义放入物质中而把自己的能动性和否定性借给了物，物从人获得了人的功能，物的作用是人的活动的反转，因此被加工物质寄生在人的活动之上并反过来支配人。如果个人只是组织物质的自由实践，那么内在性的联系就仍然是单向的。然而在异化劳动中，工具和机器虽然是人的产物但却反过来把它的要求强加给劳动者，而且一个第三者的期望通过机器的要求把工人构成为异于他自己的他人，使工人的劳动成为实现他人目标的他人实践。这样，人对物的单向内在性关系变成了人与被加工物质的假相互性的关系：人规定并产生物，人的产物也规定并产生人。萨特在此承认的这种假相互性关系是对《存在与虚无》中论述的人对物的单向能动关系的重大发展。萨特进一步指出，在实践—惰性层面上，被加工物质的惰性要求总是某些他人的目的性，正是通过某些受益集团的中介，物质的要求才变成另一些人的反目的性。例如，超工业化对无产阶级化的农村各阶级来说是反目的性，但在同等程度上它对于工业家和地主来说却是一个目的性。因此，目的性和反目的性、自由实践和必然性被连接在一个不可分离的整体化之中，一切目的性都是反目的性，每个反目的性也都是目的性，一切物质运动都被人们的实践所支撑和指导，每个实践也都体现在物质的惰性中。

萨特进而指出，实践—惰性领域中的人们的集合体是集体或群集。集体是无机的社会存在，即由被加工物质从外面被动地综合起来的实践—惰性的集合体。例如，工人阶级的最初结构就是由机器和工厂维系在一起的许多工人的惰性集体存在，它不同于建立在共同阶级意识、共同实践和共同事业之上的能动实践集团，相反它仍然停留在复多性个人的机械分散之中。又如，在圣·日耳曼广场上的一个车站等车的人群，其中每个人都是相互孤立的和漠不相关的，这些分散的人只是被同一个车站、同一条人行道和他们等待的同一辆公共汽车等等惰性物质和共同物质利益从外面统一为一个实践—惰性的群集。由于匮乏，即车上没有足够的座位留给所有的人，因此每个人对每个别人都是一个多余者和竞争对手，这种分离和敌对的关系引起了某种群集实践，即每人都按到达的先后拿到一张序号，其目的是用一个秩序来避免冲突。萨特还举了收听无线电广播的分散听众、自由市场上的买主和卖主、传播小道消息的公众舆论等例子深入地阐明了群集及其实践的主要特征，即每人对他人来说都是相异的异己者，所有个人都处于原子化的分散中，每人的行动都受他人影响并继续影响另一个他人，因而使群集的实践陷入无限递推之中，每个人都处于无法控制社会的实践—惰性运动（物价涨落、谣言传播引起的恐慌、受广播的欺骗等等）的无能为力之中，而只能听凭它的摆布。萨特进一步指出，一个社会的经济制度也是一个集体，资本的过程既是实践—惰性环境中群集的递推活动的产物，又不断产生着群集的原子化和递推。在资本主义社会中，人们在生产的社会过程中的行为是分离的和原子化的，因此他们相互的生产关系采取了脱离他们控制和有意识的个人活动的非人的物化形式。

在逆溯考察的第二个环节的最后一节中，萨特指出，在实践—惰性的层面上，个人自由实践通过物化和异化被颠倒为必然性。这是因为，在匮乏的条件下，个人实践的客观物化使得惰性的被加工物质反过来作用于个人，同时诸多其他个人的自由实践也通过被加工物质作用于他。物化是异化的前提和中介，但是这里的物不是天然的自在物质，而是被人的实践加工过的物质产品。因此，此处的必然性既不同于《存在与虚无》中的自在物质阻碍个人实践的敌对系数，也不是物理—化学的自然规律，相反，这是一种社会历史领域中的必然性，它只是个人自由实践的产物的惰性及其通过他人实践而产生的异化对个人的反实践作用。必然性非但没有阻碍个人的群集分散的自由实践，相反，正是由于个人实践自由地客观化才产生了反对他的自由的必然性。例如，正是由于每个农民和所有别的农民都自由地砍伐树木才使得洪水反过来毁灭了他们，正是由于 16

至 17 世纪的每个西班牙商人都自由地积累金银货币才使得货币贬值而损害了他们的利益，同样，正是工人自由订立的契约才使得他被物和他人的要求所强制和异化。由于孤立个人的自由被他人异化为手段来利用，所以个人自由成为入地狱的诅咒。在这里，萨特将其早期论断"他人就是地狱"置于社会历史的前景中，从而对其进行了一种全新的透视。萨特甚至说："人们不要以为我们像斯多葛派声称的那样，认为人在一切处境中都是自由的，我们想要说的恰好相反，即人们都是奴隶，因为他们的生命经历是在实践—惰性领域中展开的，而这个领域原始地被匮乏所制约。"萨特再次强调，每个意识追求另一个意识的死亡或他的生命的死亡，这是不真实的，正是在匮乏的框架中的全部物质环境决定了人与人的敌对关系。萨特在这里所表述的观点无疑比《存在与虚无》中的个人与他人关系以及抽象自由的观点大大前进了一步，他既指出了造成人与他人敌对关系的某种物质条件，又指出了个人自由在异化社会中的虚妄，后面他还将说明，拯救个人自由的出路不在于把他人对象化或实行一种道德上的改宗，而在于达到集团实践的共同自由。萨特接着指出，我们每人在日常生活中都有对于实践—惰性领域的经验，对这个领域及其必然性的可知解性虽然不同于个人自由实践对自身的半透明的直接理解，但前者仍然是奠基于后者之上的，而且，对实践—惰性的辩证知解恰恰是诸多个人组织为集团奋起反抗实践—惰性的异化和无力的动因之一。

实践—惰性领域作为逆溯考察的第二个环节是对个人实践的构成的辩证法的颠倒和否定，因而是反辩证法的环节。正如辩证法在其否定中既超越又保留物质条件一样，物质性作为实践—惰性的僵硬必然性也超越许多个人的自由实践的辩证法，以便在物质性中保留这些自由实践的辩证法作为使它的沉重机器运转起来的必不可少的手段。诸多个人的辩证法，在创造了作为人对自然的统治的反自然和作为无机物质对人的统治的反人性之后，通过联合为集团又创造出他们自己的反自然，以便建立作为人们之间的自由关系的人的统治。诸分散个人由于在实践—惰性的必然性中的异化和无力而导致其生存受到直接威胁，因此人们为求生存而组织成集团并且重新对实践—惰性进行强硬的颠倒和否定。这样，否定了个人实践自由的实践—惰性必然性又被人们的共同实践自由所否定，这种新的集团自由是一种必然性的自由。由此，逆溯的批判考察进入了它的第三个，即最后的一个环节：集团实践的被构成的辩证法。

九、从集团到历史

萨特认为，群集是构成集团的可能性和基础，但是群集为了变成集团还需要一系列条件。集团的形成是在匮乏的框架中由一个辩证的循环产生的：集团从一个共同需要或共同危险出发构成自身并且由决定它的共同实践的共同目标所规定。不过，只有当个人的需要和饥饿与死亡的危险被感受为共同的需要和危险时，才会产生由共同目标和共同实践所规定的集团。

融合集团

首先，萨特以法国大革命初期攻克巴士底狱为例考察了集团的最初形态即融合集团和共同自由的形成过程。1789 年法国国王和他调来镇压巴黎市民的军队的敌对实践是对每个巴黎人的一种共同威胁，它从外面把巴黎构成为一个整体，本来彼此猜疑互为异己的分散个人突然在他人中看到了自己，每人都意识到自己的命运同全体人民的命运休戚相关，为了对抗共同的危险，他们不再抢劫面包坊而去抢劫军械库，并且团结一致奋起进攻国王在巴黎的军事堡垒巴士底狱。这样，分散个人的共同无力变成了为实现共同目标的共同实践，惰性的群集变成了能动的融合集团。在融合集团中，每个人既不是他人和集团的对象，也不是他人和集团的主体，相反，每个人对于他人和集团来说，都既是准主体又是准对象。每个人都可以是发出命令和整体化诸他人的第三者，但每人都不是拥有特权的领导者，每人只是由人群中产生随后又消融于人群中的暂时的调节者和集团的共同愿望的发言人，因为每个人自己的实践直接就是所有别人不约而同的共同实践。当狂怒的人群中有一个人高呼："到巴士底狱去！"群众就呼喊着同样的口号冲向巴士底狱。因此，在融合集团中，诸个人之间还没有分化，人人平等，每个人都是共同个人，而发动行动的是全体成员。所以，全体成员都对共同行动负有责任，《存在与虚无》中的个人责任在此变成了集团的共同责任。由于集团中的每个人之间的关系不是相异性而是一种共同性，因此融合集团的本质特征是对异化的克服和自由的突然恢复，这是集团成员之间的一种共同自由和人性的关系。在这里，他人的自由实践的介入不是像在实践—惰性领域中和《存在与虚无》中那样把我加以对象化或异化，相反，他人的自由实践是我的自由实践的条件，我的自由实践也是他人自由实践的条件，而且诸他人的加入百倍地增加了我的个人力量，即增加了我是其成员之一的集团共同实践的力量。在这种人民革命的历史时刻，分散孤立的诸个人之间的冲突与异化终于在集团实践的共同自由中被克服和超越了。然而萨特坚持认为，集团的共同自由是基于第一性的个人自由之上的第二性的自由。萨特同时指出，融合集团的可知解性奠定在个人有机体实践的半透明的理解的基础之上，因为融合集团共同实践的某些结构（共同危险、共同目标等等）是通过个人实践而被揭示的。然而这种共同实践并不完全是一个个人实践的简单放大，因为融合集团最初只是为了实现诸共同个人的共同目标

121

的手段，而不是像同时作为主体、目的、手段的实践有机体那样的一个具有一种超辩证法的超有机体。因此，集团辩证法是建立在个人的构成性辩证法基础之上的被构成的辩证法，而集团实践的可知解性是奠基于个人实践的可知解性之上的一种被构成的组织的可知解性。

誓愿集团

萨特进一步指出，既然融合集团是在敌人实践的外来压力下形成的，那么一旦巴士底狱被攻克，敌人的压力暂时减轻之后，融合集团就面临重新陷入实践—惰性领域和分散群集的双重危险。然而，由于敌人可能卷土重来，斗争可能重新开始，所以融合集团为了保卫其胜利并且保持其永久的存在就必须发展为誓愿集团。宣誓是集团实践的实践发明，为了防止集团的解体和个人的背叛，每个人自由地向作为第三者的他人宣誓以保证限制自己的自由和对集团的永远不变的忠诚，以此来换取他人同样的限制自由和永远忠诚的保证。宣誓作为对抗实践—惰性的人造惰性并不是对我的诸可能性的惰性否定，相反，它是相互信任、分工合作、共同安全和共同自由的保证。萨特此处所说的宣誓与卢梭的社会契约有某些相似之处，但是二者的差别在于，社会契约被卢梭看作某种特定社会的基础，而萨特的宣誓只是从融合集团向誓愿集团的过渡环节。萨特认为，通过宣誓，集团中的诸个人都成为共同个人，他们之间的关系是承担相互帮助的义务的兄弟友爱。然而另一方面，由于来自敌人的外部暴力的相对减轻和远离，会引起某些集团成员的脱离或背叛，为防止个人破坏誓言和集团瓦解为群集，誓愿集团必须自由地发明一种内部的恐怖和暴力来维持集团的存在并保卫共同利益。这种内部的暴力是每个集团成员通过宣誓所获得的处死叛徒的权力以及通过宣誓授予别人处死自己（如果自己叛变的话）的权力。兄弟友爱与恐怖、自由与强制是宣誓的相互联系的正反两面。恐怖作为司法权既是集团对于自己不是完成的整体的承认又是为了弥补这个不足的整体化新形式。由于这种司法权的发明，誓愿集团倾向于成为法规集团。

组织集团

在融合集团的诸成员之间还没有产生功能的分化，而在誓愿集团中，宣誓为诸成员的分工合作提供了保证。为了更好地对抗共同危险并实现共同目标，誓愿集团又发展为组织集团。组织集团根据共同目标和每个特殊成员的才能为每个成员分配具体任务并确定特殊功能，从而在集团中产生了愈来愈明确的分化，但是分化并不破坏集团的统一，每个人的特殊实践都被整合进一个共同实践之中。在组织集团中，相异性在统一的基础上重新出现，然而，每人对他人和集团的权利与义务是相互的和平等的。通过组织集团实践的共同目标人们可以理解自己的目标和所有他人的目标以及这些不同功能之间的目的论联系。在组织集团中，人与人的关系包含着他们自己自由地接受的界限或自由地同意的纪律，比如在战斗中，士兵自由地服从长官的命令，这是因为他把握了命令对实现共同目标的重要意义。

特别值得注意的是，萨特在此处的一个脚注中对其在《存在与虚无》中，尤其是在《存在主义是一种人道主义》中所表述的自由观作了一个自我批评。他承认过去认为完全的不确定性是选择的真正基础的观点是不正确的。相反，从集团的观点看，每个孩子在刚刚出生时就由其父母决定为他施了基督教的洗礼（或别的洗礼），这相当于经过宣誓而属于某一个集团，这个孩子终生都将承受这个不是由他作出的决定的重负，父母希望他在长大成人之后再作出他自己的宗教去向的选择。因此，从后一方面说，只有当他自由地把父母的决定内化为对他的自由的自由限制而不是作为父母指定给他的惰性界限时，父母的决定才能真正规定他。这也就是说，萨特认为人最初不是完全无规定的和游离于集团之外的，相反，人从出生时起就被规定为一个集团的成员，只是在后来他才能对这种规定采取一种自由选择的承担或拒绝的态度。萨特的这个新说法更加强调了个人被抛入一个并非由自己选择的集团处境以及个人被他人规定了一种身份的受制约的方面，但是他同时仍然坚持认为这种限制终究还是要由个人来自由地承担。

此外，萨特还在另一个脚注中表述了他关于完整的自由的观点，他认为，自由是一个完整的辩证发展，不能说人在锁链中也是自由的。实际上，只有当作为人的主权的自由实践不再仅仅停留于意识对实践领域的超越和统一的谋划上，而且实现了对它的物质改造时，主权或自由才是完整的。这段话是萨特自由观的一个巨大转变和最高成就，遗憾的是，他并没有对这种合理观点进行充分的展开和全面的论证。

萨特在组织集团的层面上以很长篇幅专门阐述了对于集团的共同实践的可知解性问题。他认为，我们原始地能够理解任何历史集团的共同事业，因为我们每个人都是属于一个集团的共同个人。与实践—惰性不同，共同实践和个人实践之间存在着一种同质性，它们都是向着一个目标而超越给定物的实践，诸个人设定一个共同目标并通过组成集团来实现它。然而，共同实践的形式结构又不同于个人实践的综合统一，这是因为集团是被许多实践有机体所构成的，集团自身却不是一个超有机体，个人有机体及其统一活动是集团及其共同活动通过不断的整体化企图达到但又永远达不到的一种有机统一的理想范型。因此从统一的程度上来说，集团是一个低于实践有机体的整体化存在。而在可知解性上，共同实践的合理性也是低于个人实

124

践的合理性的一种被构成的第二级的合理性，共同实践的被构成的辩证法的可知解性是按照个人有机体实践的构成的辩证法的完全可知解性的理想范型来进行理解的。

制度集团到官僚国家

萨特进一步指出，组织集团中被中介的相异性的发展造成诸成员之间群集化的增长和统一联系的削弱。于是，集团一方面通过恐怖对抗可能的背叛，另一方面又通过制度化的主权来加强集团的统一，这样，组织集团就发展为制度集团。然而，制度集团自身虽然是反抗群集化的统一，但它同时却加强了诸成员之间的群集性和他们的无力并使实践—惰性在集团内部重新出现，因此，制度集团开始向集体退化。制度集团根据某种目标为其成员规定了固定的功能、权利和义务。在融合集团中，每个人都可以是鼓动者和调控的第三者，但谁也不是首领；在组织集团中，权力出现了，但它还是流动的。权力只在制度中才得到充分的发展，它变成了单独一人行使的对群集化的制度集团进行综合统一的权力。这个人成为不同于所有人的不可超越的主权者，只有他才有权确定目标、组织各个机构并且发布命令，其他成员则只有服从主权者的义务。对集团的所有成员来说，唯一的自由就是主权者的自由。人人平等的关系被打破了，权利和义务被分裂并且被固定起来。制度集团发展到极端就形成了官僚国家。国家是由统治阶级在市民社会的基础上所建立但又反过来统一市民社会的整合机构，并且自称就是民族本身。国家以全民族的名义为了统治阶级的一般利益而操纵全社会的各种群集并且调节社会各阶级之间的关系和冲突。最后，重新陷入实践—惰性的群集状态的人民群众完全成了被控制和支配的对象，群众意志唯一可能的表达就是重新组成革命的融合集团，起来反抗制度的惰性和基于他们的无力之上的主权。

不过，萨特声明，他在《辩证理性批判》中所安排的从群集到融合集团，再到誓愿集团、组织集团和制度集团的顺序并不是实在历史的顺序，而只是从简单到复杂的理论叙述的顺序。在实在的历史发展中，某个集团的演进由于具体历史条件完全可能半途而废。而且，此处所说的群集与集团的循环也只是一种形式上的辩证循环，在具体历史发展中，由于历史的不可逆性，后来产生的群集或集团不可能还原为先前的群集或集团。

萨特认为，虽然作为被构成的辩证法的集团实践的发展在制度和国家中达到了顶点，然而，一方面由于从组织集团的惰性结构开始就已初露端倪而在官僚国家的惰性制度中达到极致的集团内部的群集化，另一方面由于集团实践的结果在被加工物质中的客观化，并且由于社会上其他集团和群集与这个集团的斗争所引起的对其实践和客观化的异化，以至诸集团在集团斗争的层面上重新落入物化和异化的实践—惰性领域之中，集团实践的必然性的共同自由也逐渐演变为自由的必然性。萨特对于被构成的辩证法的考察是以对于各集团相互关系的阐明而收尾的，于是对辩证理性的全部逆溯考察最终达到了具体的层面：历史的场地。

在《辩证理性批判》第一卷的最后一章中，萨特以工人阶级为例阐明了阶级作为群集、融合集团和制度的三重实在及其相互关系，并且通过 19 世纪和 20 世纪西方资本主义社会（主要是法国）中的一些日常生活现象以及冲突和革命事件试图阐明各个阶级相互斗争的辩证关系及其辩证可知解性。他认为，相互斗争的两个（或更多）阶级中的每一方都能够通过对方的目的和手段理解和预见对方的实践，同时超越和挫败对方的实践；反过来，每一方同样被对方所理解、预见、超越和挫败。

一旦某一方停止了对于自己的实践和对方实践的理解，它的活动就变成完全盲目的，因而不再成其为实践，其结果只能是它变成敌对者的对象并被敌对者所毁灭。因此，任何历史事件都是两个或更多的阶级（和其他的集合体）相互斗争与合作的复合结果，这个结果不是任何一个阶级的谋划的单纯实现，而是各个整体化者的特殊整体化相互交叉、连接与融合的一个综合产物，历史就是一个没有单一整体化者的统一的整体化过程。

十、辩证整体化的一元论

以上就是萨特对辩证理性的逆溯批判考察的全部内容。在这个考察中，他阐明了个人实践、群集和实践—惰性、集团实践的各种形式结构及其辩证关系和辩证可知解性，从而奠定了一种结构的人学的辩证基础。然而，这种考察仍然停留在共时的整体化的层面上，尚未考察实践时间化的历时的深度，这意味着：逆溯必须由综合的前进来补充，这种综合的前进将力图上升到共时的和历时的双重运动，历史通过这种运动不停地整体化自身。前进的批判考察一旦完成，它将最终实现辩证理性批判的根本宗旨：奠定一种结构的和历史的人学的基础，并将最终证明：只有一个历史和一个真理，而且历史过程与历史真理是辩证理性的同一个整体化过程。然而，《辩证理性批判》的第二卷迟迟没有写完，直到20世纪70年代萨特意识到，如果要撰写第二卷，他就必须阅读大量的历史材料并从事艰巨的历史研究，这对一个哲学家来说几乎是一项终生的事业，于是他便中止了第二卷的写作，因而萨特的上述哲学抱负未能最终实现。

不过，通过第一卷的论述已然可以看出，萨特把辩证理性规定为进展中的历史与生成中的历史真理之间不断进行而永远不能最终完成的整体化运动，他在《辩证理性批判》导言中曾将他的这一基本哲学立场称为"辩证法的一元论"。据此我们可以得出结论：萨特在社会历史本体论上主张一种辩证整体化的一元论，而在社会历史真理观上也坚持一种辩证整体化的一元真理观，而且历史过程与历史真理两个方面是辩证理性的同一个整体化过程。这就是他在社会历史领域中的基本哲学立场。

综观萨特的晚期哲学巨著《辩证理性批判》全书，我们可以看出，萨特晚期在人与物、个人与他人（们）、自由与必然、理解与知解等一系列本体论和认识论的基本问题上的观点，与《存在与虚无》中的早期观点相比有了重大的变化，然而，贯穿于其早期与晚期哲学之中的始终不变的总立场或总原则仍然是存在主义的自由至上价值观、个人本位主义和人类中心论。这是萨特哲学的要害及其各种成就和局限的总根源。

第 3 章

从想象文学到介入文学

> 只要你开始写作，不管你愿意不愿意，你已经介
> 入了。
>
> ——萨特

一、想象文学

前面曾说过，萨特的哲学思想发展过程大致上可以分为现象学心理学、现象学本体论、社会历史本体论三个阶段，而他的美学思想也随着其哲学思想的发展而不断演变，逐渐从想象文学发展到介入文学和实践文学，而他的"介入"观念也从最初的理论探讨逐步发展到社会政治的实践。

早在 1940 年出版的《想象物：想象的现象学心理学》一书中，萨特就发展了一种关于想象的理论，并在此基础上阐述了一种关于文学与艺术的美学观点。他在书中认为，"非现实的东西是由一种停留在世界之中的意识在世界之外创造出来的；而且，人之所以能够进行想象，正因为他先验地是自由的。"

在这种关于想象的理论基础之上，萨特初步阐述了他对文

学与艺术的美学观点。他认为，艺术不应当再现或模仿现实，而应当本身就构成一种对象。无论在绘画中还是在小说、诗歌与戏剧中，审美对象都是某种非现实的东西，它是由想象性意识所构成和把握的。艺术家只是将他的美的心理意象通过创作构成为一种物质性的近似物（画布与颜色、语词、演员的身体等），欣赏者则以想象的方式通过这些近似物的媒介去把握审美对象。我们常常体验到从戏剧或音乐的世界向日常生活世界过渡的困难与不快，其原因并不是从一个世界向另一个世界的过渡，而是从想象态度向现实态度的过渡。审美观照是一种经诱导而产生的睡梦，而向现实的过渡实际上则是清醒过来了。萨特由此断定，现实的东西绝不是美的，美是一种仅仅适合于意象的东西的价值，这种价值的基本结构是对世界的否定。因此，将道德与审美混淆在一起是愚蠢的，因为善的价值被假定为存在于世界之中并作用于现实，而美的意象却是非现实的。应当注意的是，萨特此时对文学艺术的论述着重强调的并不是介入的问题，而是绘画、诗歌、小说和戏剧共同具有的想象的性质，同时他刻意将审美意识与道德判断区分开来，因而具有明显的脱离现实的倾向。这与他在战前作为一个自命清高的历史旁观者的立场以及他个人主义的抽象自由的思想倾向是一致的。萨特在其思想发展的这个阶段上的美学思想可以被称为想象美学或想象文学。

二、介入文学

介入就是揭露，揭露就是改变

萨特在阐述其"介入文学"的理论之前，就已开始使用这一概念了。至少早在《存在与虚无》中，萨特就已经开始谈到

"介入"的概念，而在其 1945 年的"被捆绑的人——关于儒勒·勒那尔的《日记》的札记"一文中曾说过："当代作家首先关心的是向读者展示人的状况的完整形象。这样做的同时，他就介入了。今天人们多少有点蔑视一本不是介入行为的书。至于美，它是附加的，如果有可能办到的话。"

1945 年 10 月，萨特与梅洛-庞蒂等人主办的《现代》杂志创刊，在发刊词中，萨特提出了有关介入文学的一系列论断。他猛烈抨击为艺术而艺术的态度，号召作家们履行其作为人的责任，通过写作对当代各种重大社会政治问题作出回答。但在当时他还没有来得及进行充分的展开论证，因而这些论断受到来自各方的激烈指责，从而引发了一场关于文学及其他艺术形式的性质和作用、文学与社会政治斗争的关系等问题的论战。1947 年，萨特的美学名著《什么是文学?》在《现代》杂志上发表。这部著作既是萨特对别人指责的有力回击，也是他所主张的介入文学的一篇充满激情的宣言。

《什么是文学?》一书共分四章："什么是写作?""为什么写作?""人们为谁写作?""1947 年作家的处境"。在该书中，他一方面通过对传统文学观点的抨击回答别人对他的指责，另一方面试图指出文学为什么是"为了改变而揭露"从而为介入文学奠定了理论和实践的基础，同时他还试图对 1947 年作家的处境作出具体的分析。尽管这篇长文仍然存在一些错误和不足，但它长期以来一直被奉为文学批评的经典著作。

为了回答许多人对他的介入文学的责难，萨特认为应当首先对各种艺术形式进行区分，从而界定写作艺术的性质和作用。在第一章"什么是写作?"以及另一篇文章"艺术家和他的良心"中，萨特指出，我们不能强求绘画、雕塑和音乐也介入，至少它们不是以同样的方式介入的。因为色彩、形体、音符都不是符号，它们都是由于其自身而存在的物，它们不指向它们自身之外的意义，比如乐句就不确指任何客体，它本身就是客体或者意境，但是意境毕竟不是意义，因而人们不可能画出意义，也不可能把意义谱成音乐，音乐归根结底是一种无所指的艺术。相反，作家是与意义打交道的，只有语言才能带来明确的意义。然而，散文和诗歌虽然都使用文字来写作，但是诗歌使用文字的方式与散文不同。诗人并不是利用语言作为工具去发现和阐述真理，也不会去给世界命名，诗人对待语言的态度是把词看作物而不是看作工具或符号，词语对诗人来说也并不是把他抛向世界的指示器。因此，就其性质而言，诗歌与绘画、雕塑、音乐同属一类，我们不能要求诗歌也是介入的。

　　萨特指出，与诗歌不同，散文是符号的王国，词语是散文作家的工具，它们把散文作家投向世界的中心。这里所谓的散文是指使用语言进行命名、指示、揭露、证明、命令、拒绝、质问、说服等活动即对世界有所言说或与他人进行沟通的广义的文字作品。对散文作家来说，词语不是客体，而是客体的名称。因此，重要的不是词语本身是否讨人喜欢或招人厌恶，而是它们是否正确地指示世界上的某些东西或某一概念。因此，散文在本质上是功利性的，它是从事某一事业的特别合适的工具。所以，人们才有权首先问散文作家：你为什么写作？你投入了什么事业？

　　按照萨特的理解，在任何一项事业中，语言都是行动的某一特殊瞬间，我们不能离开行动去理解它。纯文体学家的错误就在于认为语言仅仅飘过事物的表面而不改变它们，而他们自己对事物采取的是一种与世无争的静观态度。殊不知说话就是行动：任何东西一旦被人叫出名字，它就不再是原来的东西了，它失去了自己天真无邪的性质。如果你对一个人道破他的行为，你就对他显示了他的行为，于是他看到他自己；由于你同时向其他所有的人道破了他的行为，他就知道自己在看到自己的同时也被其他人看到了。这以后，他又怎么能继续以原来那种反思前的方式行动呢？他只能要么出于固执而明知故犯，要么放弃原来的行动。"因此，当我说话时，我通过我要改变某个处境的谋划本身去揭露这个处境；我向我自己也向其他人揭露它，以便改变它"。于是，人们就有理由向散文作家提出第二个问题：你要揭露世界的哪一个面貌？你想通过这个揭露带给世界什么变化？

揭露并不是为了随便的某种改变，萨特强调指出，"'介入'作家知道说话就是行动：他知道揭露就是改变，知道人们只有在谋划改变时才能揭露"。这就如同勃里斯—帕兰所说的那样，词是"上了子弹的手枪"。如果他说话，就等于在射击，既然他选择了射击，就应该像个男子汉那样瞄准目标。因此，萨特得出结论说："作家选择了揭露世界，特别是向其他人揭露人，以便这些人面对被如此赤裸裸呈现出来的客体负起他们的全部责任。"就像法律向人们揭示出罪行，如果谁触犯了法律就要承担罪责一样。萨特指出，一旦作家介入语言的世界，他就再也不能假装他不会说话了。沉默本身也是语言的一个环节，沉默不是不会说话，而是拒绝说话，所以仍然是在说话。如果一个作家选择对世界的某一面貌沉默不语，那么人们就有权质问他为什么谈论这一点而不谈论那一点，或说为什么想改变这一点而不是那一点？萨特在此的意思无非是说，沉默仍然是介入，而作家的选择则表明了他的立场，他必须为此负责。

总而言之，介入就是揭露，揭露就是变革——这就是萨特所理解的介入原则的实质内容。然而，萨特并不因为强调题材和内容的重要性而否认散文的形式美和风格的魅力。在他看来，一个人并不是因为选择说出某些事情，而是因为选择用某种方式说出这些事情才成为作家的。散文的价值当然也在于它的风格，但是风格的美感应该是隐蔽的。在这里，美仅仅是一种柔和的、感觉不到的力量，它应当以情动人，以一种看不见的魅力吸引人，词的和谐与句子的平衡在人们不知不觉中引导人们的激情，改变人们的意向。萨特认为，虽然题材推荐风格，但是题材并不决定风格。好的作者从来都是先选择写什么，然后才考虑怎么写。因此，在散文里，审美愉悦只有当它是附加上去的时候才是纯粹的。社会和形而上学日新月异的发展要求艺术家不断去寻找新的语言和新的技巧。萨特指出，所谓为艺术而艺术的美学纯洁主义不过是 19 世纪的资产者们冠冕堂皇的自我防卫手段，他们宁可被人指责为缺乏艺术修养，也不愿意被说成是剥削者。而所谓纯粹的艺术实际上不过是空虚的艺术，其作用不过是引诱当今的作家脱离现实世界。那些所谓纯洁派的批评家要么只和历史已经作出定论的无害的死者打交道，要么就想方设法磨灭活着的作家的思想锋芒，从而避开现实世界的尖锐问题，陶醉于空洞无物的老生常谈和均衡漂亮的语言形式之美。

也许很多人都会觉得，萨特在这里对散文与绘画、雕塑、音乐、诗歌双方的性质和作用所做的区别显得有些牵强，我们或许可以套用萨特早期对知觉与想象的区分勉强加以解释。但是即便如此，硬说散文是介入的，而诗歌等艺术形式都不是介入的，仍然有令人难以理解之处。萨特在《什么是文学?》第一章的尾注中承认，他是为了把问题说清楚才考察了纯诗和纯散文两个极端的例子，但他又反对从诗歌到散文之间存在着一系列中间过渡形式，坚持认为两者虽然可能互相包含少许对方的因素，但它们仍然是界限分明的不同结构。只是到了后来，萨特在"关于我自己"一文中重新对这些文学艺术形式和介入的概念进行了界定。他写道："文学是一面批判性的镜子。显示，证明，表现：这就是介入。""诗与散文艺术首先变成批判艺术：马拉梅管他自己的诗叫'批判诗'。写作就是对全部文学提出质问。今天亦然。在绘画、雕刻、音乐上，情况是相同的：全部艺术介入单独一个人的历险；它在寻找自己的界限，开拓自己的疆域。"这些话无异于肯定了所有的艺术形式都是介入的，这样萨特就把狭义的"介入文学"的概念扩展为广义的"介入艺术"的概念。

写作就是要求自由

在回答为什么写作这一问题时，萨特从"人是存在的揭示者，但不是存在的生产者"这一哲学思想出发，试图发掘出作家选择写作的存在论上的深层动机。他指出，虽然我们确信自己起着揭示的作用，但又确信自己对于被揭示的东西而言不是主要的。因此，艺术创作的主要动机之一就在于我们需要感到自己对于世界而言是主要的。通过艺术品的创作，我就能意识到自己产生了它们，从而感到我自己对于我的创造物而言是主要的。

萨特从他对知觉与想象的一贯区分出发，指出在知觉过程中，客体居于主要地位而主体不是主要的；而在创造中，主体寻求并且得到主要地位，客体却变成非主要的了。为了满足这个辩证关系的要求，就需要一个阅读行为。虽然写作行为与阅读行为辩证地相互依存，但这两个相关联的行为需要两个不同的施动者。既然作者不可能既创造作品又像读者那样阅读自己的作品，那么就需要有另一个人的阅读行为才能使作品真正存在。他由此进一步指出，世上根本没有为自己写作这一回事，"正是作者和读者的联合努力才使这个具体的和想象的客体即精神产品涌现出来。只有为了他人并且通过他人才会有艺术。"

在萨特看来，阅读既确定主体的主要性，又确定客体的主要性，因为阅读是知觉和创造的综合，读者在创造过程中进行揭示，在揭示过程中进行创造。读者必须在作者的引导下，不断越过作品的词句而去重组美的客体或发明作品的主题，即作为有机整体的意义。一句话，阅读是引导下的创作，文学客体除了在读者越过词句而达到的想象中的存在之外没有别的实体。既然创造只能在阅读中完成，既然艺术家必须委托另一个人来完成他开始做的事情，既然他只有通过读者的意识才能体会到他对于自己作品而言是最主要的，因此任何文学作品都是一项召唤。写作就是召唤读者以便读者把作者借助语言着手进行的揭示转化为客观存在。既然读者在作者引导下的重新创造是个绝对的开端，那么它就是由读者的自由来实施的，因此作家就是向读者的自由发出召唤，他只有得到这个自由才能使他的作品存在。不仅如此，他还要求读者承认他的创作自由，也就是反过来召唤他的自由。这就是阅读过程中的另一个辩证关系：我们越是感到我们自己的自由，我们就越承认别人的自由，反之亦然。"因此，阅读是作者与读者之间的一项豪迈的协议；每一方都信任另一方，每一方都依靠另一方，每一方都在要求自己的同等程度上要求对方……这样，我的自由在显示自身的同时揭示了他人的自由。"令人惊讶的是，萨特在《存在与虚无》中谈到的我与他人之间无法共存的"主—奴关系"在这里几乎完全消失了，取而代之的是作者的自由与读者的自由之间相互依存的和谐共在。而且，在《存在与虚无》中，萨特虽然也谈到了他人对于我的存在和自我认识的重要性，但其重点仍然是"主—奴关系"的冲突，所以他在这里所做的转变不能不说是萨特哲学思想在美学领域中的一个突破。

萨特认为，作为审美对象的任何艺术作品都是对自然关系的颠倒，因此我们的审美过程就具有由浅入深的三个层次："穿过现象的因果性，我们的目光触及作为客体的深层结构的目的性，而越过这一目的性，我们的目光触及作为其源泉和原始基础的人的自由……正是在物质的被动状态本身中我们遇到了人的深不可测的自由。"不过，艺术作品并不局限于已经创造出来的有限的客体，实际上，创造活动的目标是通过它产生或重现的有限对象去完整地重新把握世界。因此，艺术的最终目的是依照其本来面目把整个世界提供给观众（读者）的自由，并且通过观众的认可显示出世界的根源就是人的自由，从而挽回世界。

因此萨特说："自由被它自己辨认出来便是愉悦。"这种审美愉悦具有三重结构，第一，在创作过程中，作者因其从事创造而获得了审美愉悦；在阅读过程中，读者通过创造性的阅读去享受审美对象，这种享受同样是审美愉悦的一个主要结构；而且作者的愉悦是与读者的愉悦融为一体的。第二，审美愉悦来自于意识到我通过审美的方式挽回并且内在化了那个非我的世界，把给定的东西变成了命令，把事实变成了价值，把世界变成了向人的自由提出的一项任务，即把通常情况下作为工具和障碍的世界变成了人的自由力求达到的一个价值。萨特将这种改变称为人的谋划的"审美转变"，也就是把面对世界的现实态度变成了审美态度。第三，这里存在着人们的自由之间的一项协定，即读者的自由不仅是对作者的自由的承认，读者的审美快感还要求所有自由的人产生同样的审美快感。这样，在审美愉悦里，全人类以其最高的自由支撑着一个世界的存在，这个世界既是人类的世界又是外部世界，既是应当存在又是存在，既完全属于我们自己又完全是异己，而且它越是异己就越属于我们自己。同时，这里也包含着所有人的自由的和谐整体，这个和谐整体既是一种普遍信任的对象又是一项普遍要求的对象。这个世界也就是《存在与虚无》里所说的以自为（自由）作为基础的自在存在，即作为最高价值的统一的自在—自为——自因的存在。而这个人类自由的和谐整体也可以被看作是自为存在与为他存在的统一。在这里，萨特曾认为永远实现不了的那个最高理想在美学领域中重新出现了，至于它只是作为一个理想目标还是作为可以实现的现实，萨特似乎并没有给出明确的指示。

在萨特看来，写作既揭示世界又把世界当作一项任务提供给读者的豪情。现实世界只能显示在行动中，人们只有在为了改变它而超越它的时候才能揭示这个现实世界，它越是被人物为达到他们自身的目的而超越，它就越显得真实。现实主义的谬误在于，它相信只要用心观察，现实就会展现出来，因此人们可以对现实作出不偏不倚的描述，但这是不可能的。萨特承认，虽然人们带着善良的感情是写不出好书来的，但是作家在创作中超越并揭露这个世界的非正义行为，并不是为了让读者对这些非正义行为漠然视之，而是为了号召我们一起用愤怒去揭露并消灭这些应被取缔的非正义行为。因此，"豪迈的愤怒就是宣誓要改变……尽管文学是一回事，道德全然是另一回事，我们还是能在审美命令的深处觉察到道德命令"。坏的小说就是那些旨在阿谀奉承、献媚取宠的小说，而好的小说则是要求自由并且信任别人的自由的小说。任何时候也没有人会设想可以写出一部颂扬反犹太主义的好小说，因为"当我体会到我的自由是与所有其他人的自由不可分割地联系在一起的时候，人们就不能要求我使用这个自由去赞同对他们中的某些人的奴役。因此，无论他是随笔作者、抨击文章作者、讽刺作家还是小说家，不管他只谈论个人的情感还是攻击社会制度，作家作为自由人诉诸另一些自由人，他只有一个题材：自由"。

萨特以二战时期的法西斯主义作家德里欧·拉罗舍尔为例，说明了任何奴役他的读者的企图都威胁着作家的艺术本身：这个鼓吹法西斯奴役的家伙最后由于没有读者的理解而不得不闭嘴，正是其他人的沉默堵住了他的嘴。这使我们懂得了："写作的自由包含着公民的自由，人们不为奴隶写作。散文艺术只与民主制度休戚相关，只有在民主制度下散文才保有一个意义。当一方受到威胁的时候，另一方也不能幸免。用笔杆子来保卫它们还不够，有朝一日笔杆子被迫搁置，那时作家就应当拿起武器。因此，无论你是以什么方式来到文学界的，无论你曾经宣扬过什么观点，文学把你投入战斗；写作就是要求自由的某种方式；只要你开始写作，不管你愿意不愿意，你已经介入了。"

从介入文学到实践文学

萨特把 20 世纪的法国作家分为三代。第一代是在 1914 年战争前已经开始创作的作家，如纪德、克洛岱尔、普鲁斯特等人，他们在其作品中表达了许多有价值的人生经验，但仍有许多作家只不过创造了一种为资产阶级服务的托词文学。第二代是活跃于 1918 年以后到第二次世界大战爆发前的作家群体，其中最突出的就是超现实主义者。第一次世界大战的荒谬性和暴力把他们推向否定性和极端主义，但是当他们声称毁灭一切的时候却没有触动它的一根毫毛，只不过是把它放进括号里存而不论罢了。萨特认为他自己属于二战爆发前不久或法国战败以后开始写作的第三代作家。他说，从 1930 年起，世界危机、纳粹上台、中国的事变、西班牙战争擦亮了我们的眼睛，于是我们突然觉得自己位于处境之中，预感到未来将有一场集体的历险在等待我们。我们被粗暴地重新纳入历史，被迫创造一种强调历史性的文学。战争和占领让我们领教了什么是恶，让我们明白仅从原因上认识恶并不能消除恶。在德国占领者施行的酷刑中，恶就存在于刽子手与受害者的肉体关系里。行刑者通过酷刑逼迫受刑者招供、屈服、堕落，消灭受刑者的人性，同时反过来也消灭了行刑者自己身上的人性。然而，大部分抵抗者经受酷刑却没有开口，他们打破了恶的循环，为了他们，为了我们，也为了行刑者，重新肯定了人性，恢复了人的尊严。即使我们没有被逮捕，我们也没有一个星期不在自问："如果轮到我受刑，我会怎么样?"这种焦虑无时无刻不在纠缠着我们，我们只能在懦夫和英雄两个极端之间进行选择，这里不存在平均的处境，时代让我们触及我们的极限，我们由此创造了一种"极限处境文学"，或者称之为"重大关头文学"。萨特认为，如果作家不是逃避时代，而是为了改变时代而承担时代，即在趋向最近的未来的同时超越时代，那么他就会为了所有人并与所有人一起写作，因为他企图用个人手段解决的问题也是所有人的问题，因此抵抗文学诉诸的就是整个社会。面对明显的压迫及其神话，抵抗文学作家只能行使拒绝的否定精神，他们进行批判、揭露，即使颂扬一个被处决或被流放的抵抗者，也是因为他有勇气拒绝，他们的任务就是向包括自己在内的那个被压迫集体表现他们的愤怒和希望。

战争结束后，欧洲面对着废墟、饥饿和重建的任务，文学不能仅仅停留在否定性的态度之中。萨特指出，如果说否定性是自由的一个面貌，那么建设就是它的另一个面貌。在这种情况下，文学的职责就是一方面对劳动的异化提出异议，另一方面把人表现为创造性的行动，它将伴随着人为超越自身的异化趋向更好的处境而作出的努力。在《存在与虚无》中，萨特曾将有、做和存在看作可以囊括人的全部行为的人的实在的三个基本范畴。根据这一观点，他指出，鼓吹"享乐就是存在""存在就是占有"的消费文学局限于存在与有的关系。然而在萨特看来，人的存在就是他做的事情，"做是存在的揭示者，每一个举动都在大地上勾画出一些新的面貌……我们不是与想占有世界的人们站在一起，而是与想改变世界的人们站在一起，世界只对改变世界的谋划本身透露其存在的秘密"。因此，世界与人通过事业相互揭示，而所有的事业都可以归结为一个，即创造历史的事业。萨特指出，现在不再是描写、叙述和解释的时代，而是诉诸行动的时代。因此我们就来到了必须抛弃"存在（exis）文学"而开创"实践文学"的时刻。实践向我们揭示这个既敌对又友好，既可怕又可笑的世界，这就是我们的题材。不过，只有在未来社会主义的集体中，当文学终于明白自己的本质，完成了实践与存在的综合，否定性与建设性的综合，以及做、有、存在三者的综合之后，文学才配得上"整体文学"的名称。

曾经有人质问萨特，"既然你想介入，你为什么不去加入共产党？"萨特在这里给出了明确的否定答复，他说，斯大林的共产主义政治与诚实地从事文学职业是不相容的。这不仅因为在共产党看来，文学在本质上是异端邪说，而且在它眼里作家是一些可疑分子，即使是共产党知识分子身上也存在着原罪——因为他是自由选择入党的，也因为他有敏锐的正义感和批判思考的独立性，还因为他是不劳动而白吃饭的人——因而难以获得信任。与此同时，马克思主义学说由于缺少内部争论而退化成一种愚蠢的决定论。马克思、恩格斯、列宁多次重申，用原因提供的解释应该让位于辩证过程，但是共产党知识分子却到处传播一种初级的科学主义，用一系列线性因果关系的重叠说明历史。他们在解释历史或人的行为时，就向资产阶级意识形态借用一种建立在利益法则和机械论之上的决定论心理学。萨特认为，在一个真正的革命政党里，艺术品本来可以遇到有利于它繁荣的氛围，因为人的解放和无阶级社会的来临与艺术品一样是绝对目的，艺术品可以在自身的要求中反映这些要求。作家作为公民可以在一些具体场合投票支持共产党的政策，但这并不意味着同意把文学异化为欺骗性的宣传。

萨特指出，由于我们生活在群众意识备受愚弄的时代，所以我们只有努力为读者们揭穿骗局才能拯救文学。作家的责任是表明立场并反对所有不正义的行为，而不管它们来自何方。我们既应该揭露英美在巴勒斯坦或希腊的错误政策，也应该揭露苏联流放政治犯，但同时不能不考虑作出非正义行为的国家的处境和前景，即它们的目的是为了保护革命还是为了维持人压迫人的制度。然而，目的的正确并不能阻止我们评判它们的手段。根据目的去评价手段与根据手段去评价目的同样都是错误的，因为目的毋宁就是被运用的手段的综合整体，错误的手段有可能毁坏它们企图实现的目的。萨特说，我们并不笼统地反对暴力，以暴力对抗暴力有可能使暴力得以延续，然而暴力是结束暴力的唯一手段，因为我们生活在一个暴力的世界里。作家的责任不是从一种抽象道德的观点去评价手段，而是把手段置于实现社会主义民主的前景之下进行评价。所以，作家不仅应该在理论上，而且应该在每一具体场合思考关于目的与手段的关系的现代问题。

最后，萨特指出，如果我们只能在准备战争的强国之间进行选择，那就一切都完了。如果选择苏联，就是放弃形式自由又无望获得物质自由，于是专政和贫困将无限期地延续下去；如果美国获胜，共产党将被消灭，工人阶级将丧失勇气并迷失方向，而资本主义因为成了世界的主人就会变得更加冷酷无情。不过，萨特问道，难道人们只能在已有的群体之间进行选择吗？难道只有站在强者一边才能创造历史吗？他的回答又一次显示出其一贯主张的第三条道路的特征：历史行动显然从来不限于在原始材料之间进行选择，它的特点始终是从某一已定处境出发去发明新的解决办法。推动历史前进的几乎总是这样一种人，他们面对一个两难推理突然亮出前所未见的第三项。萨特预言，我们可以避开苏联和英美集团，在欧洲大陆上联合有同样问题的国家一起创造一个社会主义的新欧洲。这个未来的社会主义的欧洲是一群具有民主与集体主义结构的国家的集合，其中每一个国家在它能做到更好之前先要为了整体的利益而放弃一部分主权。只有在这个假设之下才有希望避免战争，也只有在这个假设之下思想才能继续在大陆上自由流通，文学才能重新找到一个对象和一个读者公众。概而言之，一种实践文学的唯一机遇总是与社会主义的欧洲的来临，与和平、民主、自由联系在一起。

令人惊异的是，当我们今天重读萨特这篇美学名著的时候，欧洲联盟早已成为欧洲大陆上的现实，历史已经而且将继续证实这位永远值得进步人类尊重的哲学先驱在六十年前提出的预言的力量。

三、从自由的悲剧到处境剧

在二战期间，萨特曾经创作过一个剧本《苍蝇》，该剧于1943年出版并公演。剧中叙述了古希腊青年王子俄瑞斯忒斯为了替被谋杀的父王阿伽门农报仇，杀死篡位者埃癸斯托斯和他的母亲克吕泰墨斯特拉的故事。该剧影射了希特勒占领时期法国社会生活压抑的氛围，并且唤醒人们的自由意识，鼓舞他们义无反顾地与占领者作斗争。剧中朱庇特的一句台词点出了该剧的主题："一旦自由在一个人的头脑里爆发，神对这个人也就无能为力了。"当时，萨特在谈到《苍蝇》的主题时明确提出了他的"自由的悲剧"的戏剧理论，他说："我想探讨的是与命运的悲剧相对立的自由的悲剧，换句话说，这个剧本的主题可以这样归纳：当一个人面对他所犯下的罪行，他是如何自处的，哪怕他承担了一切后果与责任，哪怕这个罪行令他本人感到恐惧……作为意识上自由的人，他可以达到超越自己的高度，可只有当他重新确立了他人的自由，只有当他的行为导致了某种现存状况的消失，并重新恢复了应该确立的状况时，只有这时他才能在境遇中是自由的。"虽然萨特在这时已经把他的戏剧界定为表现处境中的自由的戏剧，但他是在与古希腊命运的悲剧相对立的意义上进行思考和创作的，因此他将其戏剧称为自由的悲剧意在强调自由的一面。从哲学上说，萨特关于处境中的自由的理论同时包含两个方面，处境和自由犹如一个硬币的两面，二者相辅相成，至于他在其戏剧创作中强调哪一面则取决于他所面临的历史环境和理论语境。

二战结束后，与介入文学或处境文学相对应，萨特提出了"处境剧"的概念。在1946年访问美国时的一次名为"铸造神话"的讲演中，萨特批评性格剧主要关心的只是性格分析和性格交锋，剧中设置情景的唯一目的只是为了使性格突出。而他并不相信人有一种共同的、一经形成就一成不变的本性，即人的心理特征的总和。萨特认为，人是一个自由的、完全不确定的存在，它应该面对各种情境而选择他自己的存在，而在作出选择之前他没有性格特征可言。因此，萨特提出应当用一种处境剧取代性格剧。处境剧的题材就是自由的人在人类某种共同处境中为自己作出选择，同时也为其他人作出选择。处境剧的要求就是用权力之间的冲突取代性格冲突。因为社会政治斗争并不是人与人之间的性格冲突，这些冲突中尽管存在着利害关系的不同，但归根结底是在不同处境中人的价值体系、道德体系和观念体系的对峙。

萨特在《什么是文学?》里也谈到了处境剧。他在批评性格剧的同时指出，最近许多作者已经转而创作一种新的处境剧。在处境剧里，性格消失了，主人公是与我们大家一样落入处境的陷阱的自由，没有现成的可供选择的出路，每个人必须自己发明出路，同时他也就发明了自己。人需要每天发明自己，人自身也是价值，这就涉及提出自由选择的问题和承担道德责任的问题，处境剧和整个文学都应当具有道德性并且提出问题。

同在 1947 年，萨特发表了《提倡一种处境剧》一文。在该文中，他重新解释了古希腊和近代悲剧的性质。他说，伟大的悲剧，无论是埃斯库罗斯、索福克勒斯还是高乃依的悲剧，都是以人的自由为动力的。人们自以为在古代戏剧中看到的宿命力量不过是自由的反面，情欲本身是堕入自己设置的陷阱中的自由。然而，心理戏剧，如欧里庇德斯、伏尔泰、克雷比庸等人的戏剧，却宣告了悲剧形式的没落。因为，性格之间的冲突不管有多少起伏变化，永远不过是几种力量的组合，而组合的效果是可以预见的，一切结果都已经被事先决定了。因此萨特认为，一个剧本的核心不应当是用巧妙的戏剧语言表现的性格或复杂的情节，而应该是处境。

萨特接着指出，如果人在某一特殊处境中真是自由的，如果他真是在这个处境中并通过这个处境选择自己，那么就应该在戏剧中表现一些人的处境及其选择自身的自由。所谓性格不过是选择的僵化和硬化，或者克尔凯郭尔所谓的重复，它应当在幕落以后才出现。戏剧能够表现得最为动人的东西是一个正在形成的性格，是选择和自由地作出决定的瞬间，这个决定使决定者承担道德责任，并且影响他的终生。然而萨特认为，并不是随便哪一种无关紧要的处境都能表现出自由的深刻内涵。因此，为了使人们在处境中作出的决定深刻地符合人性，为了使它能牵涉到人的整体，"每一次都应该把极限处境搬上舞台，就是说处境提供选择，而死亡是其中的一种。于是自由在最高程度上发现它自身，既然它同意为了确立自己而毁灭自己。因为只有达成全体观众的一致时才有戏剧，所以必须找到一些人所共有的普遍处境。你把一些人置于这类既普遍又有极端性的处境中，只给他们留下两条出路，让他们在选择出路的同时作自我选择：你能这样做就赢了，剧本就是好的"。不过，萨特同时强调，每个时代都有其特殊的处境和人的自由所面临的特殊难题，古希腊的两难选择今天已经没有多大的意义了，而今天的人们有自己的问题，他列举了目的和手段、暴力的合法性、行动的后果、人和集体的关系以及个人事业与历史常数的关系等当代的迫切问题。他最后指出，剧作家的任务是在这些极限处境中选择那个最能表达他的关注的处境，并把它作为向某些人的自由提出的问题介绍给公众，只有这样，戏剧才能找回它失去的引起共鸣的力量，才能统一今天看戏的各类观众。这就是萨特所提倡的处境剧的含义和要求。如果说性格剧理论曾经提出塑造"典型环境中的典型性格"的美学要求，那么萨特的处境剧理论的美学要求也许可以概括为"典型处境中的典型自由选择"，两者之间的差别就在于一个关键词组——自由选择。

有人曾批评萨特把文学介入的概念与政治介入的概念混淆在一起，也许这正体现了他自己对介入概念的丰富性和综合性的理解。1960年，萨特在一次与记者的谈话中谈到了作家的功能："在一个存在着剥削和压迫的社会里……如果所有的人都表现出赞同的样子，那么作家就必须站出来表现那些不赞成者的生活，只有这样才能避免最坏的事情发生。"当他被问到他以什么名义进行奋斗时说："我以两个齐头并进的原则的名义：首先，如果不是所有的人都是自由的，那么任何人都不可能是自由的；其次，我将为提高生活水平、改善工作条件而奋斗。自由不是形而上学的，而是实践的，它受到蛋白质的制约。只有当所有的人都能吃饱饭，都能从事一项他力所能及的工作时，人的生活才会开始。我不仅将为生活水平的提高，而且还将为每个人的民主生活的条件，为所有被剥削、被压迫者的解放而奋斗。"

1968年11月，萨特与波伏瓦在布拉格逗留期间，他曾在一次接受记者采访时强调，知识分子现在比在任何时候都更需要介入："对知识分子来说，介入就是表达他自己的感受，并且是从唯一可能的人的观点来表达，这就是说，他必须为他本人，也为所有的人要求一种具体的自由，这种自由并不仅仅是资产者所理解的那种自由，但它也并不取消后者。这就是赋予自由一种具体的内容，使之成为既是实质的又是形式的自由。因而今天比任何时候都更必须介入。作家与小说家能够做的唯一事情就是从这个观点来表现为人的解放而进行的斗争，揭示人所处的环境，人所面临的危险以及改变的可能性。"从这种介入的观点出发，萨特自 1968 年以后已不再将主要精力放在著述之上，而是更加积极地投身于社会实践活动中，他出席集会、发表演讲、签署宣言、出庭作证、递请愿书、会见记者、上街游行、叫卖报纸、散发传单，而且每星期一会见毛派分子。在此期间，他因为参加社会政治活动曾五次受到控告。有人根据萨特活动的重心在五月风暴以后向斗争实践的转移而指出，对萨特来说，"凡是现实的，就是实践的；而凡是实践的，也就是现实的"。从萨特晚年向社会实践活动的转变来看，他似乎越来越感到单纯的文学介入已不敷需要，只有诉诸行动的实践介入才更能满足时代的迫切要求。

纵观萨特的美学思想的发展历程可以发现，在第二次世界大战前，萨特在《想象物：想象的现象学心理学》一书中，虽然也提到了介入的概念，但那时他主要是从想象的角度界定文学作品的性质的，因而还不能将其文学观称为介入文学。既然他强调文学作品所指向、所构成的是一个非现实的想象世界，也许将其文学观称为"想象文学"更为恰当一些。然而，在《什么是文学?》里，萨特更多地强调文学作品是对现实世界或曰处境的介入、揭露和超越，因此把他的文学观称为"处境文学"或"介入文学"的确是非常贴切的，这也正是萨特自己所标榜的口号。在其后期，萨特还将其狭义的"介入文学"的概念扩展为广义的"介入艺术"的概念。至于该书中提出的"实践文学"和"整体文学"的概念，前者表现出萨特越来越强调实际行动的重要性，而后者则是指未来理想社会中将会产生的一种理想的文学。应当特别指出的是，无论想象文学、处境文学、介入文学、实践文学或整体文学之间存在多少差异，萨特的文学观乃至整个美学观所依据的基础和高扬的主题只有一个，那就是人的最高本质或最高价值——自由。

　　萨特离开我们已有三十多年，那个充满战争、冷战、集中营、种族灭绝和专制主义的 20 世纪也已经过去十多年。作为时代潮流的精神产物，萨特的存在主义哲学不可避免地带有 20 世纪盛行的极端主义的时代烙印与局限，然而在那个风云激荡且是非难辨的时代，他虽也难免犯错误，但却无愧于一个真诚的知识分子的良心，他那精辟深刻的思想和疾恶如仇的勇气将永远激励着热爱真理、正义和自由的人们去思考、去抗争、去生活。

附　录

年　谱

1905 年　6 月 21 日出生于巴黎。父亲让-巴蒂斯特·萨特是一位海军军
　　　　官，母亲是安娜-玛丽·施韦泽。

1915~1922 年　辗转就读于巴黎亨利四世中学、拉罗舍尔中学、巴黎路易
　　　　大帝中学。

1924~1928 年　就读于巴黎高等师范学校，同学有雷蒙·阿隆、梅洛-庞
　　　　蒂等人。毕业时参加全国中学哲学教师学衔会考，结果名落孙山。

1929 年　再次参加中学哲学教师学衔会考，考题为《自由与偶然》，获第
　　　　一名。结识名列第二的西蒙娜·德·波伏瓦，从此两人成为没有结婚
　　　　的终身伴侣。

1933 年　赴德国柏林留学，在法兰西学院进修哲学，专攻胡塞尔的现象学
　　　　和海德格尔的存在哲学，并且研究克尔凯郭尔和黑格尔的著作。

1934 年　写作论文《胡塞尔现象学的一个基本观念：意向性》和《自我
　　　　的超越性》。

1935 年　为了研究人的想象和感觉，注射麦司卡林，之后产生种种幻觉，
　　　　这种状况持续了半年之久。

1936 年　第一部哲学专著《想象》出版。

1938 年　长篇小说《恶心》出版。

1939 年　出版短篇小说集《墙》、哲学著作《情绪理论纲要》。二战爆发
　　　　后被征召入伍。

1940 年　哲学著作《想象物：想象的现象学心理学》出版。萨特被俘并被
　　　　关入德国战俘集中营。圣诞节在集中营创作并排演神秘剧《巴利奥
　　　　纳——雷神之子》。

1941 年　以视力欠佳为由获释，回到巴黎。起初在巴斯德中学，继而到孔

多塞中学任教。与梅洛-庞蒂、波伏瓦等人共同建立知识分子地下抗德组织"社会主义与自由"。

1943年 参加法国全国作家委员会并开始为法共领导的地下刊物《法兰西文学报》撰稿。剧本《苍蝇》出版并首演。与阿尔贝·加缪建立友谊。哲学巨著《存在与虚无》出版。

1944年 与梅洛-庞蒂、雷蒙·阿隆等人共同筹办《现代》杂志。独幕剧《禁闭》首演。

1945年 长篇小说《自由之路》第一部《懂事的年龄》和第二部《延缓》出版。被授予荣誉团勋位，但表示拒绝。存在主义的重要论坛《现代》杂志创刊号出版，亲自撰写发刊词。在"现代俱乐部"作题为《存在主义是一种人道主义》的著名讲演。

1946年 戏剧《死无葬身之地》和《毕恭毕敬的妓女》出版并首演。发表论文《关于犹太人问题的思考》和《唯物主义与革命》。

1947年 将在报刊上发表的文章结集出版，名为《处境》第一集。出版文学评论专著《波德莱尔》。第一部电影剧本《事已决定》出版。发表介入文学宣言《什么是文学?》。

1948年 戏剧《肮脏的手》出版并首演。出版《处境》第二集和电影剧本《啮合》。加入达维·胡赛创建的奉行中间路线的"革命民主同盟"。

1949年 长篇小说《自由之路》第三部《心灵之死》出版。退出"革命民主同盟"。与卢卡奇和莫里亚克论战。出版《处境》第三集。

1950年 与梅洛-庞蒂一起揭发并抗议苏联设置劳改营。朝鲜战争爆发后，政治上感到无所适从。

1951年 戏剧《魔鬼与上帝》出版并首演。

1952年 出版文学评论专著《圣热内：戏子与殉道者》。发表政论《共产党人与和平》第一、第二部分。参加营救反对印支战争的法共党员亨利·马丁的运动，自称是共产党的同路人。发表《答加缪》一文，中断与加缪的友谊。

1953年 参加写作并出版《亨利·马丁事件》。梅洛-庞蒂因与萨特政见不合，辞去《现代》杂志编委职务。

1954年 出版根据大仲马的喜剧改编的戏剧《基恩》。发表政论《共产党人与和平》第三部分。第一次访问苏联，回国后被选为法苏友协副主席。

1955年　戏剧《涅克拉索夫》发表并首演。梅洛-庞蒂在《辩证法的历险》一书中指责萨特奉行"极端布尔什维克主义"。与波伏瓦一起访问中国，在《人民日报》上发表《我对新中国的观感》一文，回国后发表《我所看到的中国》。

1956年　反对法国政府的殖民政策，参加支持阿尔及利亚民族解放运动的活动。谴责苏联出兵匈牙利，并辞去法苏友协职务。发表政论《斯大林的幽灵》。

1957年　在波兰《创作》杂志上发表哲学论文《存在主义与马克思主义》，经改动后以《方法问题》为题在《现代》杂志上发表，并置于《辩证理性批判》一书之首。

1958年　发表《辩证理性批判导言》。参加游行，反对戴高乐重新上台。

1959年　戏剧《阿尔托纳的隐藏者》出版并首演。发表给罗杰·加罗蒂的一封信《马克思主义与存在哲学》。

1960年　出版哲学巨著《辩证理性批判》第一卷。加缪死于车祸，萨特撰文悼念。在《关于在阿尔及利亚战争中有权不服从命令的宣言》（《一二一人宣言》）上签名，支持法国士兵在阿尔及利亚战争中拒绝执行命令的造反行动。

1961~1962年　梅洛-庞蒂去世，萨特撰文悼念。因反对阿尔及利亚战争，住宅两次被右派秘密军组织所炸。

1963年　发表童年自传《词语》，翌年以单行本出版。

1964年　被授予诺贝尔文学奖，但以"一向谢绝来自官方的荣誉"和不愿成为东西方政治斗争的工具为由加以拒绝。出版《处境》第四、五、六集。

1965年　根据欧里庇德斯原作改编的戏剧《特洛伊妇女》出版并首演。出版《处境》第七集。

1966年　接受罗素的邀请，参加"审判侵越战争罪行的国际法庭"，调查美国侵越罪行。

1967年　前往埃及和以色列访问，支持以色列作为国家的存在权利，同时维护巴勒斯坦人重返家园的权利。罗素国际法庭两次开庭，萨特任执行庭长，谴责美国总统等人为战争罪犯，并判决美国政府对越南人民犯下种族灭绝的罪行。抗议苏联审判持不同政见作家西尼亚夫斯基和达尼埃尔。

1968 年　发表演说公开支持学生和工人在"五月风暴"中的革命行动，指责雷蒙·阿隆和法国共产党在运动中的表现。谴责苏联出兵入侵捷克斯洛伐克。

1969 年　抗议苏联把索尔仁尼琴开除出作家协会。

1970 年　担任《人民事业报》等左派报纸的负责人，并上街叫卖。为此受到警方拘禁质询，随即被释放。

1971 年　出版评传性巨著《家庭白痴——居斯塔夫·福楼拜》第一、二卷。因古巴政府逮捕诗人埃贝托·巴迪亚，与卡斯特罗绝交。

1972 年　出版《家庭白痴——居斯塔夫·福楼拜》第三卷。出版《处境》第八、九集。去雷诺汽车工厂演讲。调查毛派青年皮埃尔·奥凡奈在工厂门口散发传单被杀事件。

1973 年　出版《处境剧》一书。接受西德《明镜》周刊记者采访，在一定程度上为赤军派辩护。双目濒于失明。

1974 年　出版《造反有理》一书，其中收入与毛派活动分子皮埃尔·维克多有关政治问题的谈话。与波伏瓦作回顾生平的谈话，后来以《告别的仪式》为题出版，类似于《词语》的续篇。前往西德探视狱中绝食的赤军派领导人安德列斯·巴迪尔，此后对报界表示不赞同赤军派的战略和策略，但支持他们作为革命者的活动，同时强烈抗议监狱的恶劣条件。

1975 年　发表谈话录《七十岁自画像》。

1976 年　出版《处境》第十集。

1977 年　出版电影《萨特其人》解说词。发表谈话录《权力与自由》等。

1979 年　发表《萨特谈左派：绝望与希望》。与雷蒙·阿隆一起向总统请愿，要求政府救济越南难民。谴责苏联入侵阿富汗。

1980 年　发表谈话录《希望，在今天……》。3 月 20 日因肺气肿住院治疗，4 月 15 日逝世。4 月 19 日出殡，葬于巴黎蒙帕纳斯公墓。

1983 年　《奇怪的战争记事本 1939 年 11 月—1940 年 3 月》《给海狸和其他人的信》（第一、二卷）《道德手册》出版。

1984 年　电影剧本《弗洛伊德》（写于 1959 年）出版。

1985 年　《辩证理性批判》第二卷（未完成稿）出版。

主要著作

1.　《存在与虚无》，陈宣良等译，生活·读书·新知三联书店，1987 年。

2.《辩证理性批判》，徐懋庸译，商务印书馆，1963 年。

3.《真理的传说》，潘培庆译，载于《现代外国哲学 10》，人民出版社，1987 年。

4.《影象论》，魏金声译，中国人民大学出版社，1986 年。

5.《自我的超越性》，苏国勋、郑也夫译，载于《现代外国哲学 3》《现代外国哲学 4》，人民出版社，1983 年。

6.《情绪理论纲要》，潘培庆译，载于《现代外国哲学 9》，人民出版社，1986 年。

7.《想象心理学》，褚朔维译，光明日报出版社，1988 年。

8.《存在主义是一种人道主义》附《今天的希望：与萨特的谈话》，周煦良、汤永宽译，上海译文出版社，1988 年。

9.《马克思主义与存在哲学，给加罗蒂的一封信》，王复译，载于《西方现代资产阶级哲学论著选辑》，商务印书馆，1964 年。

10.《厌恶及其他》，郑永慧译，上海译文出版社，1986 年。

11.《理智之年》，亚丁译，作家出版社，1986 年。

12.《萨特戏剧集》（上、下），人民文学出版社，1985 年。

13.　《萨特论艺术》，冯黎明、阳友权译，上海人民美术出版社，1989 年。

14.《词语》，潘培庆译，生活·读书·新知三联书店，1988 年。

参考书目

1.卢卡奇：《存在主义还是马克思主义?》，商务印书馆，1962 年。

2. 加罗蒂：《人的远景》，生活·读书·新知三联书店，1965 年。

3. 列维-斯特劳斯：《野性的思维》，商务印书馆，1987 年。

4. 柳鸣九编：《萨特研究》，中国社会科学出版社，1981 年。

5. 徐崇温主编：《存在主义哲学》，中国社会科学出版社，1986 年。

6. 杜小真：《一个绝望者的希望——萨特引论》，上海人民出版社，1988 年。

7. 高宣扬：《萨特传》，作家出版社，1988 年。

8. 弗朗西斯·让松，刘甲桂译：《存在与自由——让-保罗·萨特传》，北京大学出版社，1997 年。

9. 贝尔纳·亨利·列维，闫素伟译：《萨特的世纪——哲学研究》，商务印书馆，2005 年。

10. 西蒙娜·德·波伏瓦，赖建诚译：《再见，萨特!》，左岸文化出版社，2006 年。

11. 西蒙娜·德·波伏瓦，赖建诚译：《与萨特的对话》，左岸文化出版社，2006 年。

12. 西蒙娜·德·波伏瓦，黄忠晶译：《一个与他人相当的人》，光明日报出版社，2007 年。